フィールドワーク選書 8

印東道子・白川千尋・関 雄二 編

身をもって知る技法

マダガスカルの漁師に学ぶ

飯田 卓 著

臨川書店

扉写真——ヴェズの漁船で舵とりをする筆者。帆に受けた風で回転しようとする船の一部にブレーキをかけることで、回転力を推進力に転換する。言語化しにくいこうした理屈を説明するうえでも、「身をもって知る」ことは不可欠だ。1996年3月12日、ダンテシ・タカンテラ撮影

目次

はじめに

文化人類学ってどういう学問ですか？　とよく聞かれます。人それぞれに答えかたがあるようですが、わたしには、次の定義がかなりを言いつくしていると思えます。その定義とは、「身をもって他者を知る学問」というものです。学問の対象は「他者」、方法論は「身をもって知る」。このことを、わたしの調査をとおして具体的に示していくのが、本書の第一の目的です。

そして第二に、「身をもって知る」ための具体的な手続きを示しながら、読者が文化人類学を身近に感じてくれるよう試みるのも目的です。とくに、村落部や異文化のなかで研究や実務にたずさわる読者に役だつよう、文字化されていない資料を効果的に集めるための調査研究方法（本書では「調査プログラム」と表現しました）を提供したいとも考えています。そこで、わたしにとって初めて（および二回め）となる海外調査を例にとって、村へのなじみかたや調査の進めかたを述べました。調査をおこなったのは、一九九四年九月から九六年十二月までの二十七ヶ月間です。ただし、このうち半年間は日本に戻りましたので、実質的には二十一ヶ月間のできごとを述べています。

本書は六つの章から成ります。第一章「人にとって海とはなにか」では、フィールド調査に対するわたしの期待を述べ、マダガスカルでなにを明らかにしようとしたかを述べましょう。

第二章「調査地をめざして」では、調査地と住みこみ先を探し、さまざまな調査プログラムに着手するまでのプロセスを述べます。第三章「話しかけてもらいたい」では、住みこみ先を決めたあとで、手近な調査を進めながら、周囲にいる人たちと人間関係を築くための試行錯誤について述べます。第四章「村の暮らしが見えてきた」では、調査プログラムをおこなうさいの手続き、留意点、成果などをまとめます。また、当初に予定した調査プログラム以外の観察や体験をつうじて、漁撈生活の理解が広がるようすを紹介します。

第五章「首都アンタナナリヴまでの道のり」では、時間をさかのぼって、初めてのマダガスカル渡航でどのような準備をおこなったか、マダガスカルに着いてから調査を始めるまでにどのような段取りを整えたかを述べます。この章はまた、バックパックでマダガスカルを旅行しようとする人たちにも有益かもしれません。マダガスカル国内の交通や通信など、ロジスティクス（兵站、物流管理）に関わることがらが多いためです。ただし、約二十年を経過した現在では、変わったことも少なくありません。そうした点は、できるだけ文中で述べるようにしました。

締めくくりとなる第六章では、この本を書いた二〇一四年の直前の時期のマダガスカルのようすと、その時点でのわたしの研究活動のようすを述べました。そのことによって、初めての海外調査が二十年後にどのような意味をもってきているかということを明らかにし、調査終了時点ではできなかった「総括」をおこないました。

文化人類学的アプローチが、ひとりでも多くの皆さんに役立つことを願っています。

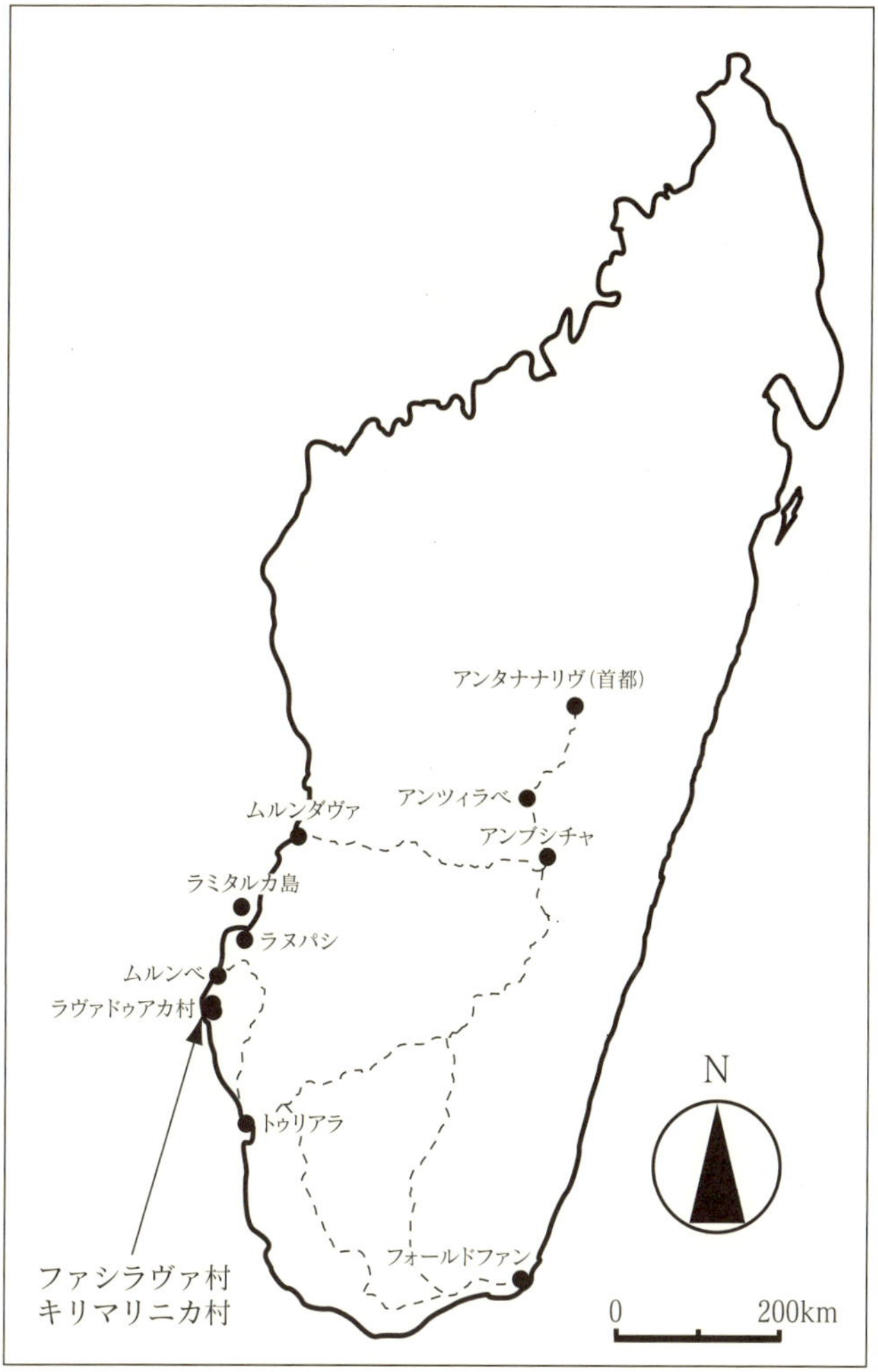

図1　本書に登場するマダガスカルの地名

文化人類学と生態人類学

わたしはここまで、自分の研究を「文化人類学」と呼んで紹介してきた。しかし時には、自分の専門を「生態人類学」と呼ぶことがある。生態人類学は、人類の営みのなかでも、自然と社会生活の接点をとくに研究する分野だ。この点は明快だが、生態人類学と文化人類学の関係に関しては、研究者によっていろいろな考えかたがある。

まず、生態人類学は人間生活の特定分野に着目するので、文化人類学の一部だという考えかたがある。また逆に、生態人類学は文化人類学のほかに生態学の伝統をうけ継いでいるので、文化人類学を含みこんでいるという考えかたもある。さらには、文化人類学とは無関係という考えかたもある。わたし自身は、対象や方法論によって両者を区別することはむずかしく、重なりのある二つの分野だという見かたをとっている（図2）。少なくとも、対象（他者）や方法論（身をもって知る）において、両者にちがいはみられない。

しかし、「文化人類学と生態人類学」と並べて書くと、十一文字と長くなるし、「人類学」の三文字が重複して冗長にすぎる。両者をまとめて「人類学」と呼ぶこともあるが、解剖学や遺伝学を基礎とした形質人類学のなかには「身をもって知る」ことを重視しない場合がある。

本書以外の場でわたしが一般聴衆に話すときには、「文化人類学」だけで両者を代表させるのが通例だった。それでもさほど問題がないのは、生態人類学よりも文化人類学の認知度のほうが高いためだ。しかし本書で述べる方法論の多くは、文化人類学と生態人類学の両方に共通する。

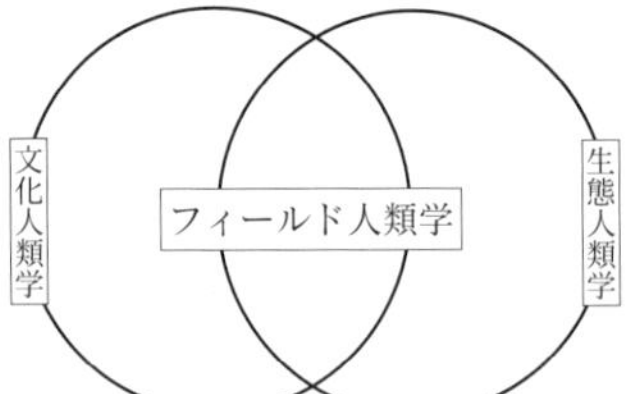

図2　文化人類学と生態人類学の関係
（著者の理解による）

そこで本書では、文化人類学と生態人類学の両方にあてはまることを述べるとき、両方をまとめて「フィールド人類学」と呼ぶことにした。一般的にはあまり定着していない呼びかただが、あらかじめご了承をいただきたい。

第一章　人にとって海とはなにか——問題を立てる

「人にとって海とはなにか」。マダガスカルにおもむくまでにまずわたしが立てた問いは、このようなものだった。この問いは漠然としてはいるが、いろいろな知見を得たあとでも形を変えて残りつづけ、またあらたな探求へと駆りたてる。本章では、マダガスカル渡航までになぜこの問いが生じたのかを述べていく。同時に、フィールド人類学において「フィールド」や「他者」とは何か、「身をもって知る」とはどういうことかについても、考えを述べる。

フィールドをみつけよう

高校時代まで大阪府と奈良県ですごしていたわたしは、一九八八年に大学に進んだとき、北海道でひとり暮らしを始めた。マンネリになってしまった友人関係や家族から離れて、あらたな人生を始める気分だった。北海道大学（北大）には、「少年よ大志を抱け」という開放的な理想が息づいている。新天地でなら、これからの人生の道しるべもみつかるはずだ、という希望があった。親には申し訳ないが、これからの人生に関わる選択は、古い人間関係をいっさい顧慮せずおこなうつもりだった。

わたしの考えかたは、やや極端だったかもしれない。しかし、わたしが入学した理Ⅲ系（生物系）というコースでは、本州以南からの進学者が過半数を占めており、同級生たちも多かれ少なかれ似たような思いを持っていたと思う。自然の結末として、わたしの周りには、帰省時季の盆正月でも札幌に居残るような連中が集まった。

大学で講義を聞きたいという希望はなかった。学ぶべきことは大学の外にあり、学友も師も、大学から離れたところでみつかる。こうしたわたしの大学観は、じつを言うと、夏目漱石の『三四郎』に由来している。当時の札幌は、三四郎時代の東京とはおおいに異なるものの、講義や就職活動に学生が今ほど拘束されない点では似ていた。学生サークル活動がさかんで、新入生には、入学する前からさまざまな勧誘が来た。ガリ版刷りのサークル紹介冊子まで配布された。生物系のあいだでは、アウトドア系のサークルが人気だった。わたしも、せっかく北海道に来たのだから、本州にはない原野や山をよく知りたいと考えていた。

最初に選んだ居場所は、ヒグマ研究グループ（クマ研）と自然保護研究会（自保研）だった。入学後間もない四月第四週に、知床でおこなわれたクマ研のヒグマ生態調査に参加し、その後徐々に、所帯がより小さい自保研に関わっていくようになった。両者に共通するのは、アウトドアでの調査をふまえて、科学と社会との関わりをテーマとして考えていたことである。

クマ研は、そもそもその成立経緯からして、科学的探究がもっぱら大学でのみおこなわれることへの批判から生まれた。大学生や大学院生を中心とした集まりだったにもかかわらず、野外での哺乳類研究に関してすぐれた成果をあげており、著書もあった（北大ヒグマ研究グループ『エゾヒグマ——その生活をさぐる』汐文社、一九八七）。また、わたしが入学する前年（一九八七年）におこなわれた知床国立公園の森林伐採に関しても、発言をおこなっていた（本多勝一編『知床を考える』晩聲社、一九八三）。いっぽう自保研は、メンバーがクマ研より若くて小規模だったこともあり、それほど目だった発言はなかった。しかし当時の代表者は、伐採後も知床問題にこだわりつづけて林学を専攻するようになり、巨樹伐採後の森林がどのように回復するかを追跡調査しようとしていた。

その代表者から、次のようなことをよく聞かされた。そのときそのときの報道を気にしながら社会問題ととり組んでも、問題を深くとらえることはできない。継続的にひとつの場所と関わりつづけていなければ、問題が深刻化して報道されるようになっても、後からでは表面的にしか関われない。——この考えに、わたしは深く共鳴した。専門性を身につけることと、ひとつの地域で問題にとり組むこと。このふたつをふまえなければ、社会的に意味のある発言はできない。

考えてみると、専門分野と調査地域は、英語でいずれも「フィールド」と呼べる。残りの人生を捧げられるほど手ごたえのあるフィールドを、大学にいるあいだにみつけたいと思った。フィールド人類学に先だって、まず、フィールド研究を志したのである。

当時の北大では、医学部と歯学部を除くすべての学部において、学生は大学二年の秋に所属する学部・学科を決めることになっていた。一年半のあいだ、わたしはクマ研や自保研に関わりながらフィールドを探しつづけ、動物や植物でなく、それらと接する人間を研究したいと考えるようになっていた。そして、文学部行動科学科に所属するようになった。指導教員だった岡田宏明さん（故人）は、北米大陸の考古学や民族学を修めてきた人だった。彼は万事に寛容な人で、学生がなにをやっても認めてくれた。

他にも何人か文化人類学者がいたなか、当時助手だった池谷和信さん（現国立民族学博物館教授）には、えも言えぬ魅力を感じた。彼は、学生に対して正式な講義をおこなっていなかったが、正式な講義の担当者が体調を崩したとき講義をしたので、わたしも三回ほど受講したことがある。地理学出身の彼が配布した資料は、多数の図表で埋めつくされており、視覚的にも新鮮だった。地図ひとつとってみても、彼は、さまざまなスケールの地図をひとつのストーリーに位置づける。時間的な流れを追った図表でも、数十年にわたる変化を示したものから、一年サイクルを追ったもの、一日の行動を追ったものなど、いろいろな切り口を準備していた。日本の山菜採りやアフリカの狩猟・牧畜など、人と自然の関わりを追究する点でも、彼の姿勢は参考になった。じつは本書でも、彼から学んだことの一端を紹介している。

大学四年に上がった年の五月に、自保研の調査の片手間ではフィールド探しができないと思い、めずらしく一人旅に出た。暮らしの手ざわりがあるような、身近な問題。それを探すつもりで、あまり行ったことのない道北地方を回った。以前に見込みをつけていた、国立公園での暮らしについても、会った人から話を聞きだそうとした。しかし、わたしが話した人たちが店舗経営者だったこともあってか、国立公園化の話題は観光客数や売上高に数値換算され、あまり興味が持てなかった。

写真１　北海道のある離島で見かけたコウナゴの乾燥作業。交通量が少ないため、片側車線を占拠している。その大らかさもさることながら、家族が一団となってカラスと戦っているようすに、暮らしの手ざわりを感じた。1991年５月撮影。

そろそろ札幌に帰らなければならないなと思いつつ、最後の旅先のつもりで日本海の離島に行った。ここでは、ほとんど誰とも言葉を交わさなかった。テントを張る場所を決めた後、島の周回道路をぶらぶらしていると、車道の片側いっぱいに青シートを広げて、漁師の家族が小魚を干していた（写真１）。イカナゴだ。北海道ではコウナゴと呼ばれる。交通量が少ないとはいえ、北海道開発の経費で造った道道を水産物加工のために流用するとは、大らかなものだなと思った。

見ていると、イカナゴを頂戴しようと数羽のカラスが寄ってくる。それを子どもたちが、長い竹の棒で追いはらう。ああ、子どもたちも親の仕事に参加しているのだな――と考えるうち、これこそ、わたしが探していた暮らしの手ざわりであることに気づいた。人と自然との関わりが、暮らしの手ざわりを保ちつつたち現れる現場。それを記載することがどれほど学問的かはわからなかったが、とにかくその光景は、大学在学中に出会おうとして求めていたもののように思えた。

その場でもう少し観察を続け、問題を発掘してもよかったかもしれないが、わたしは出直すことにした。漁業という現場であれば、とくにその場所でなくともよかったのだ。わたしは、襟裳《えりも》岬近くの浜辺でコンブを乾かしていた家族を思いだした。その人たちは、日本海のコウナゴ漁師たちと同様に、家族とささやかな暮らしを営みながら海と向きあっていた。海という自然が、人の社会や暮らしを浮き彫りにしている――その手ざわりとともに。

わたしは、コンブ採取に関わる統計や文献を集めるとともに、一週間後にはえりも町内の漁業協同組合を訪れ、漁の状況について話を聞いた。このとき、ある漁師に声をかけられ、七月にコンブ採取が始まったらここで乾燥作業のアルバイトをしないかと言われた。願ったりだった。海と向きあう人たちの社会をこれから見ていこう、そして、「人にとって海とはなにか」を考えていこう。それがわたしのフィールドだ。

現代社会の「他者」

大学四年の夏休みは、アルバイトをしながら、コンブの採取から出荷までのようすを観察した。漁師はコンブを採るだけでなく、それを乾燥して長さをそろえ、品質ごとに選別して梱包するまでを担当する。鮮魚の場合と異なり、水揚げしたものをそのまま出荷するのではないのだ。このように手間をかけるのは、コンブ価格が品質におおきく左右されるからだ。しかもその品質は、乾燥のやりかた次第で、良くも悪くもなる。短い時間で乾かさないと、色が悪くなり、低い等級に含めなければならなくなるのだ。かりに乾燥の手間を誰かに任せたとしたら、もちろん漁師は気楽だが、利益が減るおそれがある。

さらにおもしろいことに、品質への配慮は、採取の段階でもさまざまな規則をもたらしている。というのも、同じ海域でコンブを採っている漁師がめいめいに操業し、好きな時間にコンブを採取したら、かぎられた資源をめぐって競争が起こるからだ。その場合でも、能力のある人が利益を得られるならまだよい。しかしコンブの場合は、暗い時間や悪天候の日に採取する方向に努力が向かうので、採れたコンブが理想的なかたちで乾かず、品質が下がって利益が損なわれてしまう。

だからコンブ漁師たちは、「旗持ち」という役職を互選で選び、毎日の採取開始と採取終了の時刻を決めてもらう。旗持ちは、朝の天候をみながらその日の採取の進行を見とおし、海からよくみえる場所に設置した旗竿に旗を掲げることで開始と終了を告知する（写真2）。他の漁ではみられない、風変わりな規則といってよい。

ひと夏のあいだ、漁師たちは毎朝空を見あげながら、旗持ちの決定が伝わるまでいろいろな話をしながら時間をすごしていた。漁師だけではない。乾燥作業には多くの人手が要る。漁師の家族はじめ、地区に住む人はみな、自分の仕事を一部返上してコンブ乾燥にたずさわる。小中学校でも、

写真2　白旗を掲揚し、コンブ採取開始を知らせようとする「旗持ち」の家族。採取終了は、この旗を降ろすことによって知らせる。天候が悪く、これ以上待っても白旗が上がらないことを知らせるためには、赤旗を上げる。1993年7月、北海道えりも町で撮影。

コンブ採取のある日には始業を遅らせていた。わたしは驚いた。この地域に住む人はすべて、空と海に合わせながら毎日の時間をすごしていたのだ。予期していた以上に、襟裳の海は、暮らしと社会を浮かびあがらせていた。

コンブ採取の事例は、一般化して言うならば、集団に共有される資源をメンバーに配分するためのルールをよく示している。風変わりな「旗持ち」の役職も、たんなる気象予報士でなく、採取の時間を統制する役割を担っている。そうした統制が必要なのは、コンブという水産資源の採取季節が限定されており、深刻な争いをひき起こしかねないからだ。襟裳の社会生活は、かくもコンブという資源の性格を反映している。そうした主張が、北大での卒業論文と、それを深めた京都大学

（京大）での修士論文のテーマになった。

ところで、「はじめに」で述べたように、フィールド人類学では他者が対象となる。しかし、襟裳の海でコンブを採っている漁師を、他者と呼んでしまってよいのだろうか。

わたしはよいと思う。テーマにもよるが、会社の同僚や学校のクラスメイトだって、他者になりうる。親兄弟でも、他者にしてしまってかまわない。かつては、文明社会を研究するのが社会学、未開社会を研究するのが文化人類学という区別があったが、現代のように世界のすみずみにまで交通網と通信網がおよぶと、この区別はほとんど意味をなさなくなった。現在のフィールド人類学者は、村落やマイノリティといった周辺社会を調査する傾向があるものの、都市やマジョリティも研究するので、対象によって社会学とフィールド人類学を区別することはできない。両者の区別は、おいおい述べていくように、むしろ方法論によると考えるべきだろう。

フィールド人類学が対象とする他者は、どのレベルで設定してもかまわない。毎日顔を合わせる身近な人でも、電車に乗って会いに行くていどの近くの町の人でも、飛行機に乗っていく都市の住人でも、そこから何時間あるいは何日もかけて行く僻地の人たちでも……。さまざまな距離の他者がありうる。物理的に近くとも心理的に遠い他者もいるし、逆のケースもある。心理的にも物理的にも近い他者であってもかまわない。フィールド人類学者にとっての他者は、人間の場合がほとんどだが、なんらかの意味でコミュニケーション可能な他の動物に着目する場合すらある（コミュニケーションをとりにくい存在の場合は「身をもって知る」という方法論を使いにくいように思うので、とりあえず本書では省くことにしよう)。

二〇世紀のなかばになり、交通が便利になって国際交流が深まると、文化的他者は海外から日本国内(研究者の日常的拠点)に移住してくる。また、文化的他者がいなければフィールド人類学が成りたたないというわけでもない。身近な他者が発したことばや身ぶりを分析して、あらたな知見を発見する生態人類学者もいる。また、人間の他者だけでなく、人間以外のサルの行動から洞察を得る文化人類学者もいる。

このように、フィールド人類学の対象の範囲はきわめて広い。襟裳の海の漁師や家族もまた、探究すべき他者なのだ。彼らは、わたしの日常からは遠い海を身近なものとして暮らしており、その点でわたしと異なっている。また、目に見えない海の底のようすを的確に判断し、できるだけ多くコンブが残っている場所に船をつける能力は、自然や社会についてわたしが知ることと較べれば、じゅうぶんに驚嘆すべきものといってよい。

本章の後半以降で紹介するマダガスカルのヴェズ漁民にいたっては、生業に関わる能力だけでなく、超自然についての考えかたも大きく異なっている(第四章を参照)。彼らは、わたしにとって、コンブ漁師以上にかけ離れた存在といってよい。とはいえ、彼らとわたしは理解しあえないと思ったことは、ほとんどない。

フィールド人類学で重要なのは、わたしの日常が想定していない暮らし、それをわたしの目で記述し分析することである。

おもしろいことを探せ

京大の大学院に進学してから、わたしが指導教員として選んだのは、沖縄県の日本復帰直後に宮古諸島の漁村でフィールド調査をおこなった市川光雄さんだった。彼はその後、コンゴ民主共和国（キンシャサ・コンゴ、かつてのザイール）とコンゴ共和国（ブラザヴィル・コンゴ）のピグミー系狩猟採集民について研究成果を精力的に発表し、のちにはカメルーンでも調査をおこなった。わたしが進学したとき、彼はアフリカ地域研究センター（現在はアフリカ地域研究資料センター、以下、アフリカセンター）に所属しており、大学院教育にはパートタイム的にしか関わっていなかった。そのかわり市川さんは、大学院生だったわたしに対して、川端キャンパスにあったアフリカセンターの机で勉強するよう命じた。わたしは、ふだんそこに居るようにして、単位履修のために必要な講義を聞くときだけ、歩いて十五分ほどの吉田キャンパスに出かけるようにした。

アフリカセンターでは毎週水曜日にゼミがあって、わたしはここに出席するよう求められた。当時、アフリカセンターには、センター長の田中二郎さんを筆頭に八名の教員と、二名の研究員、そして八名の大学院生がいた。アフリカセンターは教育機関ではないので、大学院生の所属は別にある。五名は理学研究科の生態人類学講座に、三名は人間・環境学研究科の人間社会論講座に所属していた。わたしは後者の所属である。ちなみに二〇一三年現在、この教師陣をひき継いだ組織は、大学院アジア・アフリカ地域研究科アフリカ地域研究専攻に改組されている。現在は大所帯でゼミも複数あるようだが、わたしがいた時代は小さな部屋でも集まれる人数で、タバコをふかしたりお茶を飲んだりしながら議論していた。

ゼミでは毎回一～二名が話題提供をおこなった。ぜんぶで十六名といっても、そのうち何名かは長期調査に出かけて不在なので、大学院生だけでなく教員にも発表の順番が回ってくる。教員のうち四名は生態人類学者だったが、他に農学者（作物学と土壌学）と霊長類学者がいて、議論はしばしば思わぬ方向に進んでいった。教員と学生の垣根はほとんどなく、ずいぶん自由な場だった。議論が足りなければ、「中締め」ののち、食事やアルコールを囲みながら続けることもあった。

ゼミ発表では、専門分野の潮流にひきつけた議論を紹介する必要はなかった。というより、これだけ多分野の人たちが集まるなかでは、あまりに専門的な話をしても時間の無駄だったろう。発表者は、フィールドで見てきたことを紹介するなかで、どのような視点が記述や分析に足りないのかを厳しく指摘された。要は、発表者はフィールドを知る唯一の人物であり、他の参加者はまったく知らない。そのなかで発表者は、自分が見たことを伝えながら、集めた研究資料（データ）を示して議論に必要な素材を提供し、自分の議論が正しいことを説得するのである。

ゼミではしばしば、「これはおもろい」「これはおもろない」という発言がとび出した。「おもろい」とは、いうまでもなく、「おもしろい」を意味する関西的表現である。いっけんすると、非論理的に議論を封じるせりふのように思えるが、そうではない。あくまで印象だが、この表現は、発表のテーマがもつ射程の長さを評価するものだと思う。

同じ場所で素材を集めつづけることによって、議論が予想しない方向に展開し、あたらしい議論にまでつながるなら、その研究は「おもろい」。そうではなく、素材を見せる前から問いの結論が見えており、素材を増やしても同じ議論をくり返すだけであれば、その研究は「おもろない」。素材がユニークでも、議論にごまかしがあるようなら「胡散くさい」となる。

研究がおもしろいかどうかの判断は、フィールド人類学者であろうと農学者であろうと霊長類学者であろうと、それほど大きなちがいはない。フィールド経験を積み、素材の収集から加工、提示をふまえて議論を組みたてたことがあるなら、ゼミ発表者が示す素材を手がかりとして、そのフィールドを想像できる。ゼミ発表者に必要なのは、専門的知識ではない。フィールドから素材をすくいあげるセンス、そして、それを用いて議論を組みたてる技法である。議論の組みたては他の分野でも必要だが、みずからのセンスによるデータ収集は、フィールド人類学ならではの研究ステップである。

だから、発表が日本のコンブ採取漁村に関するものであっても、アフリカ研究者たちはまじめに聞いてくれた。逆に、アフリカに関する発表でも、素材をじょうずに提示できなければ、しっかり聞いてもらえなかっただろう。じっさい、われわれ大学院生は、しばしば「お話にならない」と言われ、厳しい指導を受けることがあった。たぶんそのことと関係しているのだろう。大学院生は、最初の二年間（修士課程）のうちは日本で調査し、その後（博士後期課程）にようやくアフリカ地域で調査することになっていた。

わたし自身も、あと二年襟裳の海に通い、コンブ採取以外の場面も観察するよう市川さんに指導された。卒業研究のとき、わたしはコンブ採取の場面を少し見学しただけにすぎず、その地域（フィールド）のことを深く理解したわけではない。そうした学生に対して、市川さんは、次のような指針を与えた。「調査する土地のことについては、なんでも答えられるようにしなければならない」——たしかにわたしは、土地の人たちのようにコンブ漁師の名まえをすべて覚えていなかったし、漁師以外の人たちについてはなおさらだ。郷土史家のように地域の歴史を調べたわけでもない。調べることが多すぎて、二年では足りないくらいだった。

地域性の把握、じつはこれこそ、フィールド人類学者が「身をもって」おこなっていることだ。地域性を把握するために、フィールド人類学者は、なま身のデータを探す。なま身のデータとは、本のなかに書かれた情報ではなく、人びとと交流する場面からすくい取るものだ。そしてそのためには、自分の身体を相手にさらし、地域の人と顔なじみにならなければならない。

「身をもって知る」という方法

「はじめに」で述べたように、フィールド人類学は「身をもって他者を知る学問」だ。本章の冒頭では、「他者」が幅広い概念であることも述べた。では、「身をもって知る」とはどういうことか。他者ではない、ほかならぬ研究者自身の身体が、知るための手段になる、それはどういう場面を想定しているのか。このことは、本書全体で提示していくべきことだが、さしあたっての見解を述べておこう。

写真3　マダガスカル中央高地で食される、甲虫のサナギ。幼虫も食される。いずれも、雨季が始まる前の時季に、地面を掘りかえして採取し、食事のさいのおかずや間食とする。2011年9月、マダガスカル国アムルニ・マニア地域圏で撮影。

たとえば、縁あってあなたが外国の小さな村に行き、住みこみ調査を始めたとしよう。調査の最初の夜に、見た目にも醜くおいしくもない昆虫料理を食べさせられたとする（写真3）。「なぜ、こんなに気持ち悪いものを日常的に食べるのか？」自分の調査テーマとは別に、このような疑問が湧いてこよう。この問いは、すぐれてフィールド人類学的な問いである。なぜなら、この問いの前提にある「昆虫は気持ち悪い」という主観的な評価が、すでに自己と他者の距離を明らかにしているからだ。

あなたがこの村に長く暮らし、人びとが毎日どのような食生活をおくっているか観察していれば、問いの答えはたいていすぐに出てくる。昆虫を入手できる時季がちょうど他の食材が得にくい農閑期にあたり、そうした状況では昆虫を食卓に供することがそれほど不自然ではないことが（少なくとも、やむを得ない処置であることが）わかってくるはずだ。

あなたが昆虫料理を「気持ち悪い」と感じたのは、あなたが村の人たちとは異なる感性を持ち、彼らとは異なる生活環境に置かれていることを示す。この事実を手がかりとして、なぜ村の人たちは「気持ち悪い」と感じないのかと探っていくと、あなたは、村の人たちの文化的背景に深く分け入っていくことができる。あなたのささやかな経験は、文化的他者を知るための貴重なデータのひとつとなるのだ。

この「データ」を得るのに用いられているのは、ほかでもない、あなた自身の身体である。味覚の感覚器官である舌、そして視覚の感覚器官である目を通して、あなたは、昆虫料理を気持ち悪いと知覚した。その知覚は、村の人たちと共通するものではないから、けっして一般的事実とは呼べない。あなたの身体は、測定器具としては不完全なものといわざるをえないだろう。しかし、この不完全な測定器具がなぜ「気持ち悪い」という測定結果を示したのか、考察することはできる。逆にいうと、厳密で完全な測定器具は、昆虫料理に対してことさら反応を示さないから、データを提供することはできない。あなたの身体は、不完全ではあるが、だからこそ他者のもつ他者性（わからなさ）を感知できるのだ。

このように身体を一種の測定器具として用い、それによってデータを集めることが、「身をもって知る」うえでの第一歩となる。コンブ採取の事例でいえば、「なぜいちいちコンブを採るのに旗を上げ下げさせるのか」と驚くことが、第一歩となろう。研究者個人の経験は主観なので、ふつうの学問分野ではデータにならない。しかし身体を不完全な測定器具とみなし、その欠陥や限界を含めて測定結果を考察するなら、他者という対象ととり組むうえではこのうえないデータとなるのだ。それが、フィールド人類学の出発点である。

主観的データを考察するうえでは、自分の身体が他者の身体と規格が異なる、しかし共通点もあると考えることから出発する。あなたは、村の人たちが昆虫料理をごく当たりまえに食べているのを見て、味覚の違いを認めることだろう。しかし、別生物のように異なる感覚体系を持っているとまでは考えないだろう。自分の味覚が視覚や皮膚感覚（たとえば温度や湿度）に大きく影響される（つまり、曖昧な感覚である）ことを思いだしながら、村の人たちが「気持ち悪さ」を許容する理由に考察を向けていくことになる。つまり、他者の身体のつくりよりも、他者の身体が接してきた社会的条件や歴史を問題化していくことになる。身体のつくりの違いもときには問題になるが、身体は成長のなかで作られる側面もあるので、より多くの場合、身体をとり巻く環境や条件がしばしば問題になるわけだ。

そうした条件を見つけるにあたっては、その村落の食習慣を知ることがまず重要だ。それに加えて、村落の地理や歴史、民族意識や国家経済といったより広い範囲での条件、あるいはしつけ方や日常的娯楽などの変わりやすい条件などなど、さまざまなことがらを検討していくなかで、手がかりらしきものが得られてくる。どこに手がかりが隠されているかはわからない。どこから探していくかは、ある意味で勘に頼ることになろう。

重要なのは、自分と他者とのちがいだけでなく、それをもたらした条件もまた、研究者の身体で認知できるだろうということだ。宇宙からの放射線が影響したのであれば、探究を諦めざるをえまいが、自分と他者とのちがいが互いの成長のなかで作られたものであれば、そのちがいをもたらした条件も、人間の知覚能力の範囲内であることが多いはずだ。したがって、研究者自身の知りうる事実や考えかたを、すべて検討していくことになる。場合によっては、他者自身から聞いた考えかたを自分なりに再構成する場合もあろう。つまり、研究者の経験は、それ自体がデータとなるだけでなく、データを解釈するうえでの枠組み（フレーム）の原型ともなるのだ。これが、「身をもって知る」ことの第二の要点である。

他者とのちがいをもたらす条件を吟味するにあたっては、データを得たまさにその場所、昆虫料理を気持ち悪いと思ったその場所に身を置くことが重要となる。そこに身を置いていれば、他者をとり巻く諸条件のちがいがさまざまに見えてくる。逆に研究室に戻ってしまうと、そうした諸条件をあらたに発見することがむずかしくなる。このように、他者をとり巻く諸条件を検索するうえでも、他者のそばに身を置くことは重要なのだ。

以上をまとめれば、「身をもって知る」とは、研究者自身の身体を測定器具とし、対象（他者）のそばに身を置いて知覚される全感覚を、資料（データ）および解釈枠組み（フレーム）として活用する方法論といえる。

船乗りも「身をもって知る」

「身をもって知る」という方法が、なぜフィールド人類学では重視されるのだろうか。その理由のひとつは、文字資料を豊富に利用できるとはかぎらないため、直接に見聞したことがらが貴重な資料となることにある。見聞したことがらは、ふつうは主観的すぎて科学論文などでは避けられがちだけれども、フィールド人類学では、調査者の見聞事例が「アネクドート（逸話）」という名でりっぱな資料の位置を与えられている。

もちろん、これを資料として使うには、歴史学者が史料に対しておこなうような資料批判の態度が、いくぶんかは必要だ。そのさいには、前項で述べたように、人類学者自身の感じかたや考えかたがどれだけ一般性をもつのか、反省することが求められる。測定器具としての身体が置かれた諸条件をひとつひとつ吟味しつつ、資料を一般化しうる範囲を定めること。このプロセスなくしては、文字資料に頼らずして、フィールド人類学を成りたたせることはできない。

「身をもって知る」ことが重視されるもうひとつの理由は、人がなにかを知ろうとするとき、それがもっとも手近な方法だからだ。べつに「人類学者は手っとり早い方法に飛びつきやすい」と言おうとしているのではない。人類学者が理解しようとする人びとが「身をもって知る」ことを重視しているならば、人類学者も多かれ少なかれ、同様の知りかたを実践してみなければなるまい。

本書で紹介していくマダガスカルのヴェズ漁師の例でいえば、おとなが少年に船の漕ぎかたや帆の張りかたを教えるとき、言語をあまり使わない。「〜しろ」という命令形や、「ちがう」という否定形の文章は頻出するものの、どのようなやりかたでそれをおこなえばよいかをいっさい指示しない。

教わる側の立場に立ってみれば、「もっと詳しく教えてくれ!」と言いたいところだろうが、そうした「勘の悪い」者は教わる資格がない。じっさいに、いちいち言語で述べていられないほど、緊急で危険に対応しなければならない場面もある。教わる者もあるていどそれを理解していて、その場では詳しい説明を求めず、五感や記憶を手がかりにして、言語の不足を補おうと努力する。

緊急で危険に対応すべき場面とは、たとえば次のようなものだ。あるときわたしは、帆走するカヌー(漁船)の舵とりを任された。舵といっても、ハンドルのような形の操舵輪を握るのではない。船尾の舷側から櫂(パドル)を水中に挿しいれ、抵抗を生じさせて、右舷の水流と左舷の水流がほぼ同じ強さになるよう微調整する(写真4)。そうすれば、船が回転することなく進みつづけるのだ。わたしは、目標物を遠望しながらそれができるようになっていたので、舵を任されたのだった。

しかし、舵とりの仕事をすべて覚えていたわけではなかった。たとえば、船を停めるとき。このときは、右舷の水流と左舷の水流の差ができるだけ大きくなるようにして船を回転させる。具体的には、直進時に櫂を挿しいれていたのとは反対の舷側に櫂を挿しいれる操作が求められる。このことを、わたしはしっかり覚えていなかった。障害物が目前に迫ってもなお、わたしは別の操作をし

写真４　ヴェズの漁船における舵とり。風下の舷側に櫂（パドル）を挿しいれなければ、舳先が風上方向に回転して、帆は風を受けなくなってしまう。櫂を挿しいれることで、舳先が風下を向くよう維持し、船にかかる回転力を推進力に転換する。2005年10月撮影。

ようと必死になっていて、「櫂を抜きされ！」という声でようやくわれに返った。

船は、通常の停船操作のときよりゆっくりと、回転を始めた。船長格の船乗りが危険を察知し、風を受けないような位置に帆を移動させたため、船足も衰えた。どうやら、衝突だけはまぬがれた。船長格の船乗りは、「眠ってたのか？」とわたしに言った。顔は笑っていたが、つくり笑いにもみえた。わたしを信頼してくれていた船長に、すまないと思った。このときの経験は強烈に記憶に残り、その後は停船の操作をまちがえることはなくなった。

わたしの過ちは、わが身のように

船を操る人たちにとってみれば、信じられないできごとだったかもしれない。どんな見習いでも、これほど危険な目には遭っていないかもしれない。しかし、言いたいのは次のことだ。学習の場面で、言語がはたす役割はかぎられること。強い感情がともなえばともなうほど、学習は効果的になること。ひとことで言って、船の操縦は「身をもって知る」ことが有効であること。

マダガスカル

京都に来てすぐの頃、わたしは、博士後期課程に進んでも日本の研究をしようと考えていた。しかし、アフリカセンターのゼミは、予想していた以上に「アフリカ研究のトレーニング」という性格をもっていた。それに影響されたのだろう。アフリカセンターに身を置くうち、考えかたや感じかたがまったくちがう人たちのあいだで（たとえばアフリカで）、本格的なフィールドワークをしたいと思うようになっていった。

それがよい選択だったかどうか、今となってはわからない。行くだけでも時間がかかるマダガスカルと長くつき合ったりしなければ、漁業や共有資源利用の事例を、もっとたくさんの場所で観察できたと思うからだ。だがいっぽうで、わたしがそうした「専門家」気どりの仕事を進めていったとして、他の専門家たちより着実な仕事ができたかどうか、心もとないところではある。今からふり返ってみると、わたしの仕事の持ち味は、なによりもまず、グローバル社会の周縁部（マダガスカルの漁村）の人たちのふるまいや言動を「身をもって」体験したことに関わっていると思う。わたしはよそ者なので、彼らの代弁はできないが、彼らとわたしとの距離感をもとに、わたしの日常を反省することはできる。

こうした仕事と専門家の仕事、どちらがよいというわけではない。ただ、両立はむずかしそうだ。そのことは、わたしがマダガスカルを襟裳の次の調査地に選んだ頃、あまり意識できていなかったのだが。

京都に来て一年ほど経った頃から、市川さんは、カメルーンに行かないかと誘ってくれるようになった。ついでにいうと、同じアフリカセンターの田中二郎さんも、わたしをナミビアの牧畜民のところに派遣しようと考えてくれた時期がある。ただ、いずれの勧誘も、別の話題のあい間にさりげなくなされたので、わたしは生返事を続け、本格的な検討事項にはならなかった。わたしは漁村研究を続けようと考えていて、同じ海外に行くなら、インドネシアのように海岸線の長い国のほうがよいのではないかと思っていた。しかしそのうち考えが変わり、マダガスカルになら行ってみたいと思うようになった。

最初のきっかけは、江戸時代のコンブ流通とコンブ食文化に関して文献渉猟をしているときだった。『海事史研究』という雑誌でコンブの海上輸送について読んだあと、ふとページを繰ってみると、マダガスカルのカヌー（57頁参照）とそれを用いるヴェズ人の記事が載っていた。その記事では、ヴェズ人のカヌーとインド太平洋地域のカヌーとの異同が論じられており、マダガスカル文化が形成されるうえではインド洋の対岸からもさまざまな影響があったと示唆されていた。しかも興味深いことに、ヴェズ人たちは農耕にあまり従事せず、むしろ海での生業にすぐれている点で、マダガスカルのなかではユニークな民族だと報告されていた。

彼らの暮らしや社会をとおしてなら、海と人との関わりを克明に観察できるのではないか。そう思いはじめると、ここに行かなければ次の展開はありえないという気になってきた——じつを言うと、これはわたしの悪い癖であり、いったん決めてしまうと、他のやりかたはまったく目に入らず、なにがなんでも実現しなければならないと思いこんでしまう。

周りの研究者のなかには、論文の一本や二本を頼りにしてフィールドを決めてしまって大丈夫かという人もいた。わたしにはわからなかった。反論の材料もみつからない。しかし、行ってみなければ、大丈夫かどうかもはっきりしないではないか。それに、研究者としては慎重さが必要かもしれないが、このときのわたしは、もはや研究を離れてマダガスカルに惹かれはじめていた。

マダガスカルという島はおもしろい。この島は、グリーンランドとニューギニア、ボルネオに次いで、世界で四番目に大きな島である。それほど大きな島なのに、人類が居住するようになったのは比較的あたらしく、紀元前後とも紀元七世紀頃ともいわれている。アフリカ大陸に近い島なので(図3)、もちろんアフリカ大陸からも文化的影響を受けているけれど、六千キロメートル以上離れた東南アジア島嶼部からも影響を受けている。ヴェズの漁船もその一例だが、もっともよい例は島の言語。土着の言語はすべてマダガスカル語の方言とみなせるが、このマダガスカル語は、東南アジア島嶼部とオセアニアに広く分布するオーストロネシア語族の仲間なのだ。もっとも近縁の言語

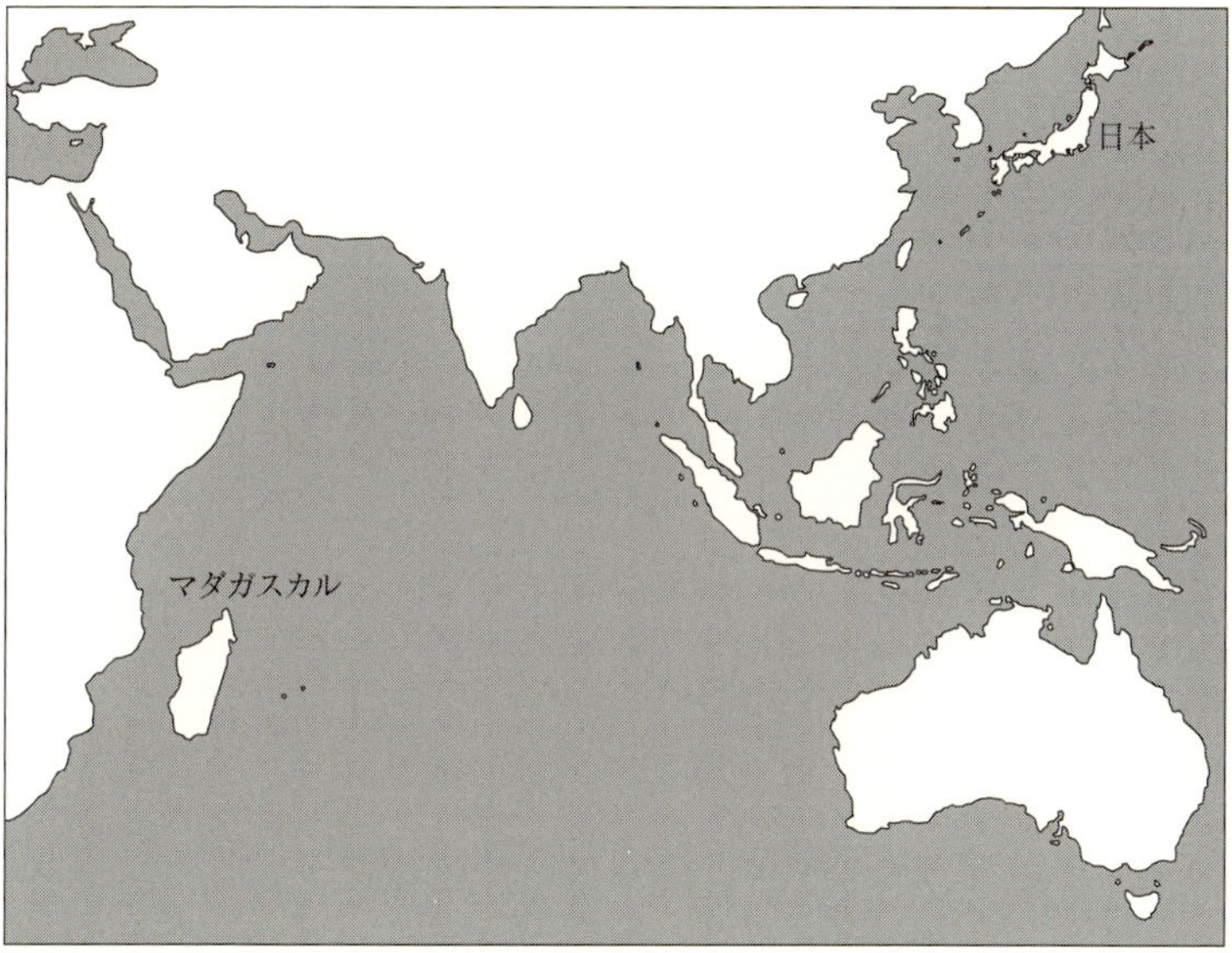

図3　マダガスカルの位置

は、インドネシアのカリマンタン島南東部で話されるマアニャン語だという。

マダガスカルといえば、めずらしい動植物で有名になったが、人に関わる社会や文化もじゅうぶんにユニークでおもしろそうだ。わたしたち日本人研究者は、この島を「インド洋の十字路」と呼んでいる。二〇一三年現在、人口は約二千万人。面積が日本の一・六倍にのぼるにもかかわらず、人口は六分の一と少ない。土地資源もまだ豊かにありそうだが、地下鉱物資源にも恵まれていて、大企業によるレアメタル採掘から個人による宝石採掘まで、さまざまな採掘が経済を動かしている。経済に関しては、希少な動植物が観光資源となっていることも見落とせないだろう。ヨーロッパを中心に多くの観光客が訪れており（二〇〇八年は三十万人以上）、自然保護はマダガスカルの国策のひとつといってよい。

ヨーロッパ人がインド洋に進出しはじめた十六世紀、マダガスカル島内の各地には、すでに小さな国ができはじめていたようだ。しかし、島の統一が本格的に進むのは、十九世紀に入ってからである。島の中央高地を治めていたメリナ王国が、中央高地の北半分を統一した勢いで四方にも勢力を伸ばし、西海岸地方のサカラヴァ王国などの強敵をつぎつぎに負かしたのだ。十九世紀終わりには、島の大部分を版図に収めるものの、一八九六年にフランスが全土を植民地化し、全土統一の栄誉はフランスに奪われることになった。マダガスカル共和国がフランスから独立したのは、一九六〇年である。

ヴェズ漁民

ヴェズについても簡単に紹介しておこう。マダガスカルの人びとは、「マダガスカルには十八の民族がある」としばしば語る。しかし、そのなかに必ず含まれる民族というのは意外に少なくて、十八にどの民族を含めるかは個人によりまちまちだ。ヴェズは、島の南西部沿岸一帯に住んでおり、南西部の人びとには一つの民族（フクまたはカラザ）とみなされているものの、首都のある中央高地の人たちは言い忘れる（または認知していない）ことが多い。中央高地のアンツィラベ市には大きな独立記念碑があって、十八の民族がその習慣とともにレリーフで表現されているが、ヴェズはそのなかに含まれていない。

植民地時代のフランス人は、ヴェズを民族とはみなさず、西部一帯に広大な王国を築いたサカラヴァに帰属するサブグループと考えた。しかし、ヴェズの人たち自身はそうした帰属意識をもっておらず、王国とは距離をとりながらこの地に住みつづけてきたと考えられる。ヴェズは、マダガスカルの他の人びとに較べて海での漁撈にすぐれていることから、王国内の職能集団として存続してきたという可能性もある（飯田 二〇〇八）。

わたしの調査中に刊行された英語書籍でも、ヴェズと海との深い関わりは、何度も指摘されている。それによれば、ある人がヴェズであるかどうかは、その人の出自に関係ない。漁撈など、海で生活するために必要な振る舞いを身につけていれば、その人はヴェズなのだという。わたしの経験では、「ヴェズである」という言い回しは、しばしば「カヌーの操縦がうまい」「魚に詳しい」「漁がうまい」など多様な意味で用いられ、同時に民族呼称としても用いられる。だがここで重要なのは、ヴェズの人びとが海に生きることを誇りとする点だろう。都市や農村に住み、漁撈をおこなわないヴェズでさえ、「自分はまちがったヴェズである」と言って、あるべきヴェズの姿から外れていることを認める。ヴェズのアイデンティティは、海との関わりをとおして育まれていくのだ。

さらに、一九七〇年代の民族誌では、ヴェズが「海の遊牧民」として描かれていた。乾季には村を離れて、キャンプ生活をおこないながら漁に従事し、雨季には村に戻って、より大きな集団で生活を営むというのだ。フランス民族学の古典（マルセル・モース『エスキモー社会』未來社、一九八一）

のような生活が、亜熱帯の海にもみられるわけだ。本当だろうか。

わたしが調査を始める前、日本で入手できるヴェズについての記事は、いずれも断片的だった。しかし、そのいずれもがすべて、ヴェズと海との関わりに言及していた。マダガスカルでは他に例のない「海の民」のアイデンティティは、どのような生態学的背景のもとに構築されるのか。それを探ることは、生態人類学の重要なテーマであるように思えた。

彼らのあいだに身を置き、直接に話を聞いてみよう。日本の海とはちがった暮らしが見えるはずだ。そしてそのなかから、さらに深めるべきテーマを見つけていこう。――そう決めたとき、わたしは、二十四歳の誕生日を目前に控えていた。

第二章　調査地をめざして――居場所を探す

初めてマダガスカルを訪れるために日本を出たのは、一九九四年九月十七日のことだった。出発までの準備と、首都アンタナナリヴでの準備については、調査の全容を述べてからのほうが理解しやすいので、第五章で述べよう。本章から第四章までは、予備調査のための渡航（一九九四年九月十七日〜翌年四月十四日、二一一日間）と本調査のための渡航（一九九五年九月二日〜翌年十二月二日、四八八日間）について述べたものだ。

予備調査の目的は、本調査のために住みこむ場所をみつけることに尽きる。本章では、首都アンタナナリヴを出て地方都市トゥリアラに着いてから、無事に調査地を決めるところまでを述べたい。トゥリアラは当時、マダガスカルに六つある州のひとつトゥリアラ州の州都だったが、二〇〇四年の憲法改正により、各州に代わって二十二の地域圏が地方行政を担うようになった。トゥリアラは現在、南西地域圏の役所所在地である。

あたらしい拠点

一九九四年十月二十六日。長距離バスでトゥリアラの町に着くと、迎えが来てくれていた。アンタナナリヴでお世話になった漁業専門家の森忠士さん（第五章参照）から、連絡が来ていたらしい。今日は疲れているだろうから、明日、水産省の出先機関である水産局に来なさいと言ってくれた。見知らぬ土地では、頼れる人がいるのはありがたい。荷物を持って、適当なホテルを探すことにした。この日からほぼ四ヶ月間、わたしはこの町を拠点としながら、調査地を探すことになる。ただし、調査地方面へ合計三回、アンタナナリヴ方面へ一回、長期の旅行をおこなったので、町ですごしたのは実質的に一ヶ月間ほどだった。

近くにいた人力車を捕まえて、迎えの人から聞いた安そうなホテルに行ってもらう。このとき、人力車の上から通りを眺め、人通りが少ないことに驚いた。なんと人寂しい町が州都と呼ばれているのだろう。

後でわかったことだが、町に人がいないのではなかった。暑すぎて人通りが少なかったのだ。アンタナナリヴからのバスが着いたのは午後一時半。もっとも暑い時間帯で、気温は四十度近かったと思う。この季節の最高気温が二十五度前後のアンタナナリヴとは大ちがいだ。しかも、紫外線が強い。トゥリアラの町では、日中の人通りが少ないため、正午から午後三時頃にかけては店が閉まってしまう。

建物や道に反射する陽射しが眩しく、思わず目を細めながら、ホテルまでの道のりを観察していた。ホテルはその後、バンガロー形式の安そうなところに替えた。そこからは海が見え、大潮の干潮時には、見わたすかぎりの干潟に変わった。女主人は、家族と一緒にバンガローを経営しているようで、聞けばヴェズの家族だという。わたしはここに身を寄せて、ことばを習うことにした。

ことばの課題はふたつある。ひとつは、アンタナナリヴで習いはじめた標準マダガスカル語をしっかり身につけていくこと。もうひとつは、ヴェズ方言を覚えていくことだ。

東京弁と大阪弁でトーンがちがうように、マダガスカル標準語とヴェズ方言でもトーンがちがう。しかし、ちがいはそれだけにとどまらない。基本的な語彙が異なるのだ。人の呼びかた（人称代名詞）からしてちがう。「わたし」は標準語でアフ（aho）、ヴェズ方言でザフ（zaho）。「あなた」は標準語でイアナオ（ianao）、ヴェズ方言でイハ（iha）となる。

トゥリアラの町で最初に買いものをしたときのことを忘れられない。マダガスカル標準語では、買いものを終えてたち去るとき、ミサオチャ（misaotra、「ありがとう」）と言うが、しばしば謝意の深さを示すため、「たいへん」という意味のベツァカ（betsaka）を後ろに添えて「ミサオチャ・ベツァカ」と言う。ベツァカは、語義どおりには「たくさん」という意味で、ヴェズ方言ではマル（maro）という語に相当する。このことはアンタナナリヴで習っていたので、わたしは、店で買ったイモを食べおえてから「ミサオチャ・マル」と言って、大笑いされた。

後で知ったところでは、ヴェズ方言でも「ミサオチャ・ベツァカ」でよいのだという。もっとヴェズ風に言いたければ、「たくさん」でなく「大きい」という意味のベヴァタ（bevata）を添えて、「ミサオチャ・ベヴァタ」と言う。こんなことは、どの本にも書いていなかった。そこでわたしは、宿で仲よくなった従業員の青年をつかまえて、教本に書いてある語彙や基本文例をヴェズ方言でどのように表現するか、かたっぱしから尋ねていった。

トゥリアラに着いた翌日の二十七日。水産局に行って挨拶をした。森さんから話がついていたようで、局長クラスの偉い人にもお目通りを許された。しばらくこの町が拠点になるので、わたしに届く郵便物を保管しておいてほしいと頼むと、即座に承諾してくれた。

水産局の横には、トゥリアラ大学付属の食料海洋科学研究所があった。森さんは、ここも訪ねろと事前に指示を出し、先方にも話をつけてくれていた。ここでもいろいろな人を紹介されたが、なによりもここに通ったいちばんの理由は、大学に提出された修士論文などを通して、ヴェズの漁について情報を得るためだった。

研究所でおこなわれる研究の中心は生物学だったが、研究成果を小規模漁民に普及していくためには社会経済的な調査も欠かせない。研究所では社会科学系のスタッフに紹介されたことがないが、水産局を拠点とする国連食糧農業機関（ＦＡＯ）のプロジェクトとも連携して、学生が社会科学的な調査をしているようだ。わたしがはじめて研究所を訪れたときは、キリンサイという海藻（*Eucheuma denticulatum*）の養殖が軌道に乗った頃で、収穫されたキリンサイの出荷に関わってさまざまな人が出入りしていた（写真5）。研究所では、基礎研究にかぎらず、プロジェクトベースの研究を含めてさまざまな試みが研究論文として発表されるのだ。論文はほぼすべて、フランス語で書かれている。

諸論文からは、各村の人口や漁師の数、漁法や漁獲量、加工や流通のようすなどがうかがえる。

写真5　トゥリアラ大学の建物の片隅で乾燥されていたキリンサイ。これを加工すると、アイスクリームなどの増粘剤やゲル化剤、化粧クリームなどの安定剤が得られる。写真撮影から20年経った現在では、ファシラヴァ村でも同類の養殖が始まっている。1994年10月撮影。

一部は、儀礼や風俗習慣などについても言及している。わたしよりも土地勘がありことばもできそうな学生たちが、効率的にさまざまな情報を集めているようだ。こうしたなかで、わたしが調査をしたところで、オリジナリティを発揮できるのだろうか。

午前中に文献を読むだけ読み、昼近くになると、とぼとぼ歩いて町へ向かう。暑い。昼食をとると少し元気になるが、また宿まで歩いてベッドに倒れこむと、もう起きあがる気も起こらない。そのまま午睡に入った。窓からは、午後の海風がたえず吹きつづけて心地よい。風に吹かれてまどろむのは、至福の経験だった。

研究がどれほどのものになるのか、わからない。それは、わたしの力だけでは変えられず、タイミングやライバルの力量などにも左右される。しかし、漁村へ向かうことは、少なくともわたしにとっては未経験のことがらだ。ともかく、漁村めざして進もう。そこがわたしを必要としなければ、マダガスカルにこだわる必要はない。そのときは、体験記でも書いて印税で暮らそう。——暑さのためか、空想は、突拍子もないほど遠くへわたしをいざなった。

ヴェズ漁村を訪ねる

トゥリアラに着いて十日あまりのあいだ、平日は大学や水産局、研究所などに出入りをした。休日になると、町のはずれにある漁師町をぶらぶらしたり、乗りあいバスで郊外の漁師町に行ったりしてみた。ヴェズの家屋は、おもに寝室や食堂として使われることが多く、睡眠や食事以外のほとんどの時間は屋外ですごす（写真6）。生業に関わる作業や社交、娯楽などを、村の敷地のあちこちで見かけるわけだ。それにもかかわらず、よそ者のわたしは、ことばを交わすことができなかった。トゥリアラにいるあいだ、ヴェズ漁師がすぐそばにいたのに、目ぼしい成果もなく手ぶらで宿に戻る日が続いた。

しかし、ことばが上達しないからといって、焦ることはなかった。ことばが本格的に上達するのは、村に身を置き、生活上のことがらをすべて現地語ですませる必要に迫られてからだ。今はまず、じっさいに漁村を訪れ、どのような状況かを見ておきたい。予想されそうな不便がわかれば、トゥリアラの町であらかじめ、現地語による想定問答集を作っておくこともできよう。長期滞在がむず

写真6　ヴェズ漁村では、家のなかですごす時間は短く、屋外でさまざまな作業をしたりくつろいだりする。2014年2月、ファシラヴァ村で撮影。

かしそうなら、短期滞在をくり返せばよい。まだとても調査という段階ではないが、とにかく村へ飛びこんでみよう。

その準備は、トゥリアラに着いてすぐ着手していた。アンタナナリヴで森さんが、村探しに同行してくれそうな水産局スタッフを紹介してくれていたのだ。マルコという名の人だった。なぜその人を森さんが推薦したのかは、わからない。ひょっとすると、プロジェクト関係でことばのわからない外国人が漁村まわりをしたとき、彼が同行した経験があったのかもしれない。

マルコ氏は、ふだんから張りのある大声でしゃべる人で、お役人という雰囲気からほど遠い人だった。しかも、快活で話好きだ。バスでの移動中、口数の少な

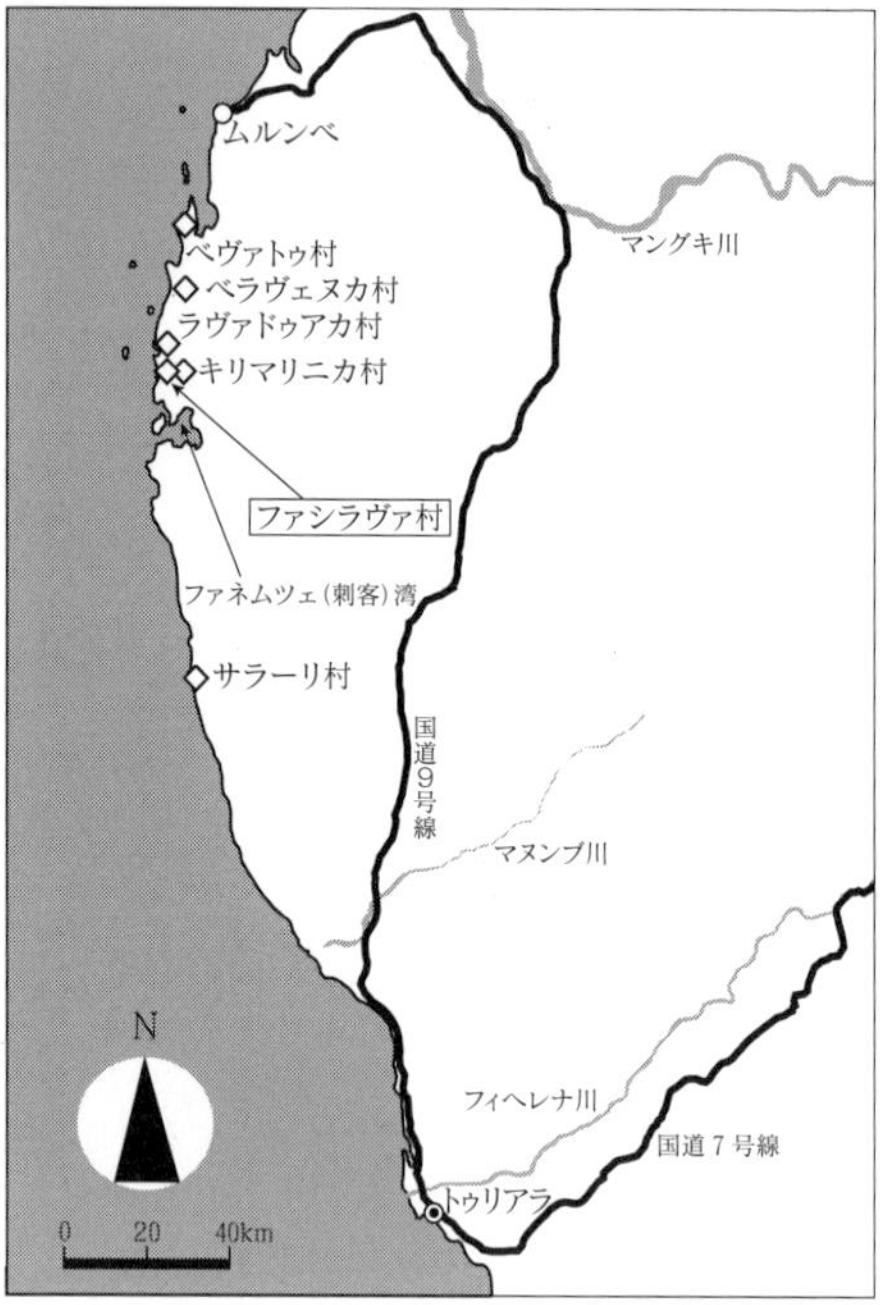

図4　広域調査のルートと、住みこみ調査地（ファシラヴァ村）の位置（Foiben-Taosarintanin'i Madagasikara［1990, 初版1964］発行 50万分の1地勢図をもとに作成）

いわたしと話すあい間に、周りの客にも話しかけ、車中をにぎやかな雰囲気にしていた。

マルコ氏と合意した話は、次のようなものだった。マルコ氏は、わたしの調査の案内役を、喜んでひき受けてくれる。条件は、交通費や食事、宿泊などの経費をわたしが持ち、マルコ氏にも若干の日当を支払うこと。そうすれば、九日間を目安にして、トゥリアラの北方約二百キロメートルの海岸線をほぼ走破し、目ぼしい漁村を案内してくれるというのだ。

マルコ氏の計画はこうだった。まず、初日にレンタカーとドライバーを雇い、海岸沿いの道を通ってサラーリという村に向かう（図4）。サラーリは、トゥリアラから百キロメートルあまり北の村だ。途中の村々に立ち寄っていると初日に着かないかもしれないが、日が暮れそうになった場所で泊まればよい。たいてい、有力者が宿を貸してくれるはずだ。いずれにせよ、最初の二日間で、トゥリアラとサラーリのあいだの村を見てまわる。

　三日めは、漁村を回ることを考えず、トゥリアラから乗りあいバスに乗り、内陸の広い道を通ってムルンベの町まで行く。ムルンベは、サラーリから直線距離で八十五キロメートルほど北にある町で、マダガスカルにある一一二の県役場のひとつが置かれている。サラーリから直接ムルンベに向かわないのは、海岸沿いの道が細く、危険で迷いやすいからだ。トゥリアラからの内陸ルートは大きく迂回しているので、ムルンベまでの道のりは約二六〇キロメートル。たいした距離でないように思えるが、ほとんどが未舗装道なので、バスはスピードを出せず、荷物の積み下ろしなどを途中でしていると一日がかりだ。だから三日めは移動だけで終わる。

　四日めは、ムルンベで漁船をチャーターして南へ向かう。途中で目ぼしい漁村を訪れ、一～二日めと同じように村のようすを見て話を聞く。マルコ氏は、五日間かけてサラーリの手前までの村々を回ろうと言った。今から考えれば、マルコ氏がこれだけ多くの日数を見積もったのは、漁船のスピードが遅いからではない。漁船にはエンジンがなく帆を張って進むが、風がよければ五ノット（時速約九キロメートル）以上のスピードが出る。問題は逆風や岸近くの潮汐で、これらが速度を鈍らせるため、航行距離だけでは必要日数を計算できない。また、サラーリ寄りにあるファネムツェ湾（Fanemotra、フランス語では「刺客湾」Baie des Assassins）は、東側に大きく入りくんでいて海岸線が長く、村の数も多い。五日間を見こんだのは妥当だったと思う。ムルンベには八日めに帰ってきて、九日めは朝からバスに乗って南下し、夕方にトゥリアラに着く。これがマルコ氏の計画だった。

マルコ氏の食事や手当てはたいした額ではなかったが、レンタカーと漁船チャーターの料金は捻出できるだろうか。迷ったが、マルコ氏から概算を聞き、思いきって受けいれることにした。予定外の出費になりそうなら、日程後半の経費を切りつめればよい。いっぽう、広域踏査は、今でなければやる意味がない。清水の舞台から飛びおりるつもりで、コストを負うことにした。――ふたを開けてみたところ、レンタカーは二日間で五十万アリアリ（約五万円）、漁船は三日間で三万アリアリ（約三千円）の支払いで済んだ。

十一月八日、午前六時十分、マルコ氏とともに車に乗りこんで出発した。運転は、レンタカー経営者が雇用するドライバーが運転してくれる。悪路が多いマダガスカルでは、借り手に運転経験があろうがなかろうが、運転と整備はすべて経営者側でひき受けることになっている。運転手の食事や寝泊りを、借り手は心配しなくてよいのが普通だ。運転手は、夜になると知人の家に身を寄せたり、みずからの交渉で安い宿をみつけたり、自動車のなかで眠ったりする。運転手は、自動車整備や道に関する知識にくわえて、客のあつかいも知らなければならない。なかなか奥の深い職業だ。

トゥリアラの町を出るとまもなく、道は未舗装道に変わる。やや赤みを帯びた色をしていて、踏みかためたように固い。だから、未舗装ながらもまだ走りやすく、国道の格を維持している。ところが、四十キロメートルほど北の地点で国道と別れ、海岸沿いの支道に入ると、道はやや白みを帯びるようになる。赤土（ラテライト）に、浜の白砂が増えてくるのだ。白い道でも、自動車や二頭立て牛車（写真7）が通るところだから、砂浜のように完全な白砂になることはほとんどない。し

写真７　ファシラヴァ村の２頭立て牛車。海岸のヴェズは漁船を交通手段としているので、内陸の人ほど牛車を必要とするわけではなく、この当時（1998年１月）は数が少なかった。しかしその後、サメ刺網漁による収入が増えるにつれ、村でみる牛車の数も増えていった。

かし、道を踏みだして海をめざせば、ほんとうに浜の白砂のようになり、足が深くとられるようになる。

この日はけっきょく、ぜんぶで十一の漁村をまわった。漁村の景観は、どこでもよく似ていた。村はたいてい、道よりも西側（海側）にある。道のそばから村が始まることが多いが、すぐ近くにあるはずの海は見えない。これにはふたつの理由がある。ひとつは、家が建てこんでいて見通しのききにくい場合があること。そしてもうひとつは、道路と海岸線のあいだに砂丘があることだ。

この地域にはサンゴ礁が発達しており、岬などには、サンゴ礁が隆起してできた石灰岩が目だつ。しかし、ヴェズの人びとが集まってできる村は、そうした岬に挟まれたなだらかな湾岸の近くだ。そうした場所では、潮流が緩くなるため白砂がたまる。この砂浜は、ヴェズ漁師にとって絶好の船着き場だ。かくして、砂浜の近くには、ヴェズ漁村が成長していく。

砂浜の砂はたえず供給されているためか、船着き場の砂が減って困ったという話は聞いたことがない。逆に、砂が増えて困ったという話は時どき聞く。潮流が砂浜に置き去った砂は、そこで旅を終えるのでなく、強い南風（北半球の北風にあたる）のときに舞いあがり、さらに遠くまで運ばれる。だから、建物の敷地選びを誤ると、十年も経てば砂丘に埋もれてしまうことがある。ホテルのバンガローがそうした目に遭っているのを、わたしはじっさいに見た。こうして飛ばされた砂がいったん落ち着く先が、海岸線の後背地にある砂丘だ。その高さも、海岸線からの距離もまちまちだが、ちょっとしたビルくらいの高さがあろう。ヴェズは、その砂丘と海岸線との間に村を作ることが多い。

大ざっぱにいえば、ヴェズの漁村は、西の海と東の砂丘にはさまれているわけだ。そうした空間は、少数の家族が住む場所としては、じゅうぶんすぎるほどに広い。しかし、交通が便利で魚も多いところなら、移入者が多いため、そうした空間はすぐ大勢の家族でいっぱいになる。

しかも、近年は幼児死亡率が減りつつあるため、人口増加が著しい。村落空間の全体に家が建った後でも、すき間を埋めていくように家が建ち、家屋密度がどんどん高くなる。家と家との間の路地は狭く、プライバシーの確保も容易でないと思うほどだ。ちょっと隣に近づきすぎたような場所では、私的空間と公的空間を分けるために柵がめぐらされる。親子や兄弟のように近い親族関係にある複数の家屋は、柵で区切られることは少ない。こうした柵のため、人口の多い漁村は迷路さながらに入りくみ、海に出る道を見つけるのにも迷うことがある。

しかもこの路地、ニワトリをはじめアヒルやカモ、シチメンチョウ、ホロホロチョウなどさまざまな家禽が徘徊し、ときにはヤギも通りかかる。子どもの遊び場にもなっている。柵のあいだを覗くと、家の軒先や木陰で、男が網を繕っていたり、女が洗いものしていたりする。まさしく戸外が生活空間だ。とくに、風が強くて男たちが漁に出ていなかったり、子どもたちが学校に行かない日だったりすると、村には人が多く、とてもにぎやかだ。

魚名を聞きとる

トゥリアラの町では、ヴェズの人びととうまくことばを交わせず、落胆する結果になった。しかし今回は、マルコ氏が通訳として働いてくれる。調査の本番で通訳に頼ってはいけないが、今回は予備調査なので、おおいに頼ることにした。ただし、わたしとマルコ氏との共通言語はフランス語であり、わたしにとってはマダガスカル語とそれほど変わらず、その場で思いついたことをアドリブで尋ねられるほどではない。やむをえず、どの村でも、同じ内容の質問をくり返すことになる。

しかし、これはそれほど悪いことではない。数十分ほどの滞在では、貴重な人類学的知見をひき出すことなど、しょせん無理だからだ。むしろわたしは、フランス語でくり返した質問がマダガスカル語でどのように訳されたか、頃あいをみてマルコ氏に確認した。そしてその後は、できるだけ、そのマダガスカル語を自分で発して質問するようにした。基本的な質問文を頭に入れておけば、その後も、別の質問文を考えるときの参考になる。予備調査は、会話を実践する場として、またとない機会なのだ。

くり返した質問は、大きくみて八つほどある。第一に、水がどこで手に入るか。第二に、ムルンベなどの町へ船で行くのが容易かどうか。この二つの質問は、いずれも、わたしが村に住みついたときの利便性に関わる。

第三に、何月から何月まで漁をすることが多いか、農耕は何月から何月までおこなうか。第四に、村でどんな魚が捕れるのか。この二つは、漁撈をはじめとする生業に関わる質問だ。

第五に、ヴェズ以外のエスニック・アイデンティティ（民族意識）をもつ人が村にいるかどうか。これに関連して、第六に、そうした人たちが近くではどの辺りに住んでいて、ヴェズ以外のどの民族を自認しているのか。第七に、そうした人たちが魚を求めるかどうか、求めるとしたら現金売買か物々交換か、取引の場所はどこか。第八に、漁獲の多くはどこに持ちこまれるか。これら四つの質問は、異民族や市場との関係に関わる。

わたしとしては、後半四つの質問に興味をもっていた。トゥリアラ大学で目を通した論文は、民族間関係にほとんど目を向けていなかった。そうしたなかで、わたし自身のヴェズ研究を漁業経済研究から区別し、独自色を出すためには、ヴェズの民族性を視野に入れるのがよいと思われた。この日の調査で得た回答は、次のようなものだった。村から数キロメートルほど離れたところに、マシクルと呼ばれる人たちの村がある。彼らは、金回りがよくなると、ヴェズ漁村まで魚を買いに来る。わずかながら、ヴェズ漁村に住むマシクルもいる。

魚取引の話を交えたのは、森さんの話が気になっていたからだ。彼によると、「ムルンベ近くの漁村では、大きな市場から離れているので現金が普及しておらず、物々交換がおこなわれているかもしれない」という。じっさいには、トゥリアラ近辺はもとより、ムルンベ近辺でも魚のほとんどは現金売買されており、物々交換はみられなかった。ただし、一九七〇年頃までは、物々交換がけっこう一般的だったことがのちにわかるのだが。

意外に面白かったのは、獲れる魚の名まえについての質問だった。こちらの質問は、民族についての質問とちがい、会話に活気をもたらした。回答者は、この質問に楽しんで答えることが多いようにみえ、ときには、周りで聞いていた人が会話に割りこもうとする場面もあった。しかも、かなりの数の魚名が列挙されるまで、彼らはこの話題からなかなか離れなかった。

これは、「陸《おか》の人たち」がしばしば魚の種類に関して無関心で、魚名の知識がほとんどヴェズ独自のものとなっているためのようだった。なにも知らない「陸の人たち」に対して、ヴェズならたいてい知っている魚名を教えることは、ヴェズにとっての仲間意識やプライドの再確認に結びつく。だからこそ、ヴェズの人たちは、女や子どもも含めて、われわれに魚名を教えることに熱中したらしい。

どんな魚かわからないまま、名まえだけを書きとる——聞き手にとっては、たいした意味のない作業にみえる。しかし、やってみると、マダガスカル語の音を聞きながら文字表記するというトレーニングになった。しかも後でふり返ってみると、かなり自信のあった文字表記が、じつはたいして正確でなかったこともわかる。そのことについてみてみよう。

表1が、十一月九日に聞きとった魚の名まえである。全部で四十種類ある——と思いながら見てみると、そうではない。じつは、このなかに魚類は三十三種類しか含まれていない。まず、タコとイカとナマコ（番号23～25）は、魚類ではない。このことは、聞きこんでいる時点でおおよその見当がついていた。意外だったのは、生物名でない単語などが含まれていたことだ。船でなく徒歩で潮間帯を歩きまわり、ヤスで獲物を捕る「磯漁りする」（番号39）という動詞や、「魚が多い」という主語と述語をそなえた文章（番号40）が、誤って魚名として記載されていた。

それから、ツァベアケ（番号26）とサベアケ（番号27）は、同じ魚名を二通りに聞きとって重複カウントしたもの。正しい魚名はツァベアケ。ムラマサケ（番号1）とアンブラマサケ（番号15）は、ほぼ正しく聞きとってはいたのだが、同じ魚の異なる呼びかただということを知らなかったため、重複カウントしてしまっている。番号20と28は、同じグループの魚に与えられた名称だが、ヴェズ漁民は両者を区別しているようなので、重複カウントには含めない。

このほかに、日本語ネイティヴがおかしやすいRとLの混同（番号14と17、21）や、アクセント記号をつけないと意味が通じにくい表記（番号18と22）、母音や子音の誤り（番号6と31、36）、音節

表１　広域調査で聞きとった魚名と、その後に判明した種名

	野帳での表記	出現頻度	正しい表記（2013年時点での判断）	標準和名	学名
1	Moramasake	8	-	アイゴ属	*Siganus* spp.
2	Ambitsy	8	-	ハマフエフキ	*Lethrinus nebulosus*
3	Bodoloha	8	-	不明	不明
4	Lanora	8	-	ギンガメアジ属およびヨロイアジ属	*Caranx* spp., *Carangoides* spp.
5	Fiantsifa	6	-	テングハギ	*Naso unicornis*
6	Angeliky	5	Angelike	シモフリフエフキ	*Lethrinus lentjan*
7	Akio	5	-	サメ類	Elasmobranchii
8	Antsisy	5	-	フエフキダイ属の一種	*Lethrinus* sp.
9	Lamatra	5	-	ヨコシマサワラ	*Scomberomorus commerson*
10	Ambariake	4	-	ツッパリサギ	*Gerres acinaces*
11	Amporamà	4	-	ニセクロホシフエダイ	*Lutjanus fulviflamma*
12	Vahoho	3	-	ナンヨウチヌ	*Acanthopagrus berda*
13	Angy	3	-	クロハギ属	*Acanthurus* spp.
14	Angarela	3	Angarera	コショウダイ属の一種	*Plectorhinchus gaterinus*
15	Ambramasake	2	Amboramasake（1に同じ）	アイゴ属	*Siganus* spp.
16	Fiantsomotse	2	-	ウミヒゴイ属	*Parupeneus* spp.
17	Antselake	2	Antserake	ダツ科	Belonidae
18	Ambatsoy	2	Ambatsoý	ハタ科	Serranidae
19	Varavara	2	Varavarà	フエダイ科	Lutjanidae
20	Olovo	2	Lovo	ハタ属	*Epinephalus* spp.
21	Tapapoloha	2	Tapaporoha	マトフエフキ	*Lethrinus harak*
22	Tsoike	2	Tsoý	ヒメジ属	*Upeneus* spp.
23	Horita	2	-	マダコ属の一種	*Octopus* sp.
24	Angisy	2	-	イカ類（軟体動物門頭足綱）	Decapodiformes
25	Zanga	2	-	ナマコ類（棘皮動物門ナマコ綱）	Holothuroidea
26	Tsabeake	1	-	イトヨリダイ科	Nemipteridae
27	Sabeake	1	Tsabeake（上に同じ）	イトヨリダイ科	Nemipteridae
28	Taratake	1	-	ハタ属	*Epinephalus* spp.
29	Betanje	1	Votsanza	モンガラカワハギ科	Balistidae
30	Aloalo	1	-	カマス属	*Sphyraena* spp.
31	Kiloka	1	Kiosa	カライワシ属の一種	*Elops machanata*
32	Fiambondro	1	-	不明（ベラ科か）	Labridae
33	Lamera	1	-	ウツボ科	Muraenidae
34	Hiahia	1	-	不明	不明
35	Tsaraby	1	Antsera-by	カマスベラ	*Cheilio inermis*
36	Atenjo	1	Antendro	フウライボラ	*Crenimugil crenilabis*
37	Baboke	1	-	不明（マンジュウダイ科か）	Ephippidae
38	Game	1	Gamo	センネンダイ	*Lutjanus sebae*
39	Mihake	1	魚名でなく「磯漁りする」の意	-	-
40	Marofia	1	魚名でなく「たくさんの魚」の意	-	-

写真8　魚名を同定するための記録写真。周囲の砂の色が明るいので、背景となる下敷きはあまり暗すぎないほうがよい。初めて名まえを聞く魚や、みしらぬ姿をした魚にであうたび、記録していった。写真はトガリエビス、方名はフィアメナ（赤魚）。1996年9月撮影。

の脱落（番号35）、余計な音節の付加（番号20と22）など、さまざまな誤りがあった。いずれも、初学時にはほとんど気づかない誤りだ。

見なおしてみると思わぬ誤りもあるが、魚名を尋ねる作業は楽しかった。なにより、その場にいる人たち全員がわたしに注意を向けてくれるのが嬉しかった。わたしはその後、村に居場所を見つけてからも、おりにふれてこの作業を実施した。あるときは、漁獲を種類ごとに秤量する必要に迫られており、あるときは、すべての魚種を写真で記録しようと意気ごんでいた

（写真8）。またあるときは、夕食のおかずを買う場で何気なく訊いたこともあった。

生物名は、なんど聞きかえしても無意味ということはない。しばしば、いままで気づかなかったことを知るきっかけになるからだ。自分が思い違いをしていたのに気づいたり、人によって呼びかたが異なることを知ったりする。また、名まえを聞いた生物の性質や、関連する言い伝え、植物であれば薬効などを教えてもらえることもある。

こうしたわけでわたしは、すくなくともマダガスカルでは、海や野山でみかけるいろいろな生物について尋ねることを楽しみとしている。生態人類学を志した頃から、それはあるていど習性になっていたが、年を重ねるごとに、それは楽しみに変化してきた。マダガスカルに住む、海や野山の達人たちのおかげだと思う。

漁船（カヌー）での航海

初日はけっきょく、訪ねた村のうちのひとつに戻り、漁師から魚を買いつけている仲買人のところで泊まらせてもらうことにした。食事も、ここの家族に用意してもらうことになった。マルコ氏は、主人にいろいろなことを尋ねながら、この地域の状況を聞きだしていた。マルコ氏にとっては、わたしを案内することより、こうした地方視察に興味があるのにちがいない。

夜はあいにく、ベッドをあてがわれたわけではなかった。そこで、夜風が心地よいのに誘われ、屋外で眠ることにした。雨が降りだして虫が増え、植物の繁茂が旺盛になるのは、この地域では十二月に入ってからだ。十一月のこの時季にはまだ蚊がほとんどおらず、雨もなく、暑すぎもせず寒すぎもしない。おまけに砂地の地面は、身体に合わせてかたちが変わり、クッションのようだ。夜具代わりに、船を走らせるときの帆になる大きな木綿布を貸してもらった。後で知ったことだが、これから暑い季節になると、この地域の人たちはしばしば屋外で眠るようになる。蚊がいればもちろん屋内に退散するが、少し風が吹いていれば、屋外のほうがかえって蚊が少ない。

翌九日は、見すごしていた小さな村にひとつだけ寄り、トゥリアラに早めに戻った。その次の十日は、予定どおりトゥリアラから陸路を北上し、一日がかりでムルンベの町に着いた。到着時刻は午後八時半を過ぎており、とうに暗い。しかし、役場があるほどの町だから、ホテルもある。「ホテル・モザンビーク」という、名まえだけはスケールの大きなホテルに泊まった。

このホテルの部屋には後日談がある。次の日の船旅の途上、マルコ氏は「ファントム（幽霊）の足音で眠れなかった」と言ってぼやいていた。後になって思いかえしてみると、マルコ氏が聞いた音は、ヤモリの鳴き声だったのではないか。このときわたしは、ヤモリがカエルのように大きな声で鳴くことも知らなかったが、その後同じホテルに何度も泊まるあいだに、ヤモリもなじみになってしまった。

十一日は、午前五時頃になって、マルコ氏がわたしの部屋に声をかけた。昨日の話では、夜のあいだに船を探して四時に出航ということだったが、さすがに簡単には話がまとまらなかったらしい。しかし、マルコ氏は夜明けに船を見つけてきてくれ、五時五十一分にムルンベから船出することが

写真9　出航しようとする船。船体の右側に平行して舷外浮材＝フロートをとりつけた、アウトリガー式カヌー。遠くからでも誰の船かわかるよう、帆には目印を縫いつけてあることが多い。2011年2月撮影。

できた。

マルコ氏の段取りは、じつは、ヴェズの行動をふまえた合理的なものだった。この地域では、午前中には北から南へ向かう船が多く航海し、午後には南から北への船が多い（写真9）。これは、午後になると風が南に寄ることが多いからだ。したがって、わたしたちのように北から南に行こうとする場合、南寄りの風が強くなるまでの時間がじゅうぶんあり、かつ、明るくて視認が容易になりはじめる夜明けに出航するのがよい。マルコ氏は、多くの航海者たちが準備を整えている時間帯を見はからって、チャーターの交渉に行ったのだ。

わたしたちがチャーターした船には、

三人の船乗りが乗っていた。わたしたち借り手は二人である。しかし、船にはその五人だけでなく、他に四人もの見知らぬ人たちが乗りこんだ。途中の村まで行き、葬儀に参列するのだそうだ。この人たちが船主に渡し代を支払ったかどうか、はっきりとはわからない。しかし、支払っていなかったとしても、納得はできる。海岸部の人たちは、互いに友人関係や親族関係を結んでいるので、葬儀のようになかば公的で急な用事があれば、同じ方面に行きそうな船に乗せてくれと頼む。頼まれた人は、頼んだ人の顔見知りである場合、無視するのはむずかしい。物見遊山で乗せてくれというならともかく、マダガスカルの人たちは、義理と人情をしっかり受けとめる。

船出のときには、船乗りも乗客も、最初は水のなかを歩いていく。浅いところでは、船底が水底に着いてしまうからだ。水の深さが膝辺りに達したところで、船べりにすっと尻を乗せて足を浮かす。足が濡れるのはやむをえないので、船旅では、ビーチサンダルを履くのがよい。浅いところは、裸足でも危険が少ない。ただし夜明けには、闇に紛れて水辺で用を足す人がいるので、汚いものを踏まないよう気をつけたほうがよい。ムルンベのように人口が多いところでは、とりわけ注意が必要だ。

航行は、思ったほどにははかどらなかった。同乗が多くて船が重く、船足が鈍っていることもあるのだろう。午前九時頃、風が凪いで大気がぴくりともしなくなり、帆がたるんでしまった。海面は、文字どおり鏡のように滑らかになり、舷が接水するあたりもまったく揺れない。船乗りは、渡し代をもらっている手前、櫂で船を漕いでがんばりを見せるが、船が重いのでちっとも前に進まない。

　午前十一時二十分、ようやくのことで村から離れた浜に着き、ここで葬儀参加者たちを降ろした。村の前浜に入港しなかった理由は、ノートに書かれていない。たぶん、干潮時刻にかち合ったため、遠浅な村の前浜まで到達できなかったのだと思う。わたしたちも、その村のようすを見て聞きとりをおこなうのは断念し、次の村に向かうことにした。

　船が軽くなって風も出てきたので、次の村までは時間がかからないと思ったが、そうではなかった。上述したとおり、午後になると風が南寄りになり、わたしたちにとっては逆風に変わってしまう。船は、風上まで船を進めるため、間きりと呼ばれる動きかたをする。簡単にいえば、ジグザグに航路をとって、少しでも風下に流されないようにするのである。船のスピードは出るのだが、目的地を横目に見ながら行ったり来たりするだけなので、ちっとも前に進んだ気がしない。おまけに、舳先側から波を受けて、しぶきがしばしば降りかかってくる。船旅では、順風のときに濡れる心配はないものの、逆風の場合に備えて荷物の防水対策をしたほうがよい。

　航海は順風満帆とはいかなかったが、それでも、暇そうな船乗りたちとかた言の会話をする時間ができた。この日のわたしのノートには、船で使う道具の名称（棹、櫂、あか汲みなど）や艤装の名称（舷外浮材＝フロート、腕木、帆、帆を固定する索具など）、さまざまな風の名称と吹く方向などが記録されている。

　艤装や船の部分についての名称は、その後、なんどもノートに登場した。わたしがとくに尋ねなくとも、教えてくれる人が多いのだ。海の見えるところでぼんやりしていたら、いろいろな人が話しかけてくれる。しかし、わたしの理解できる話題はかぎられる。そこで、わたしにことばを教えてくれる人が多いのだが、その近くに船が置いてあれば、それを指さしながら単語を教えるということになる。船はそれだけ、ヴェズの人たちにとって身近なのだ。いくらヴェズの習慣や社会構造に熟知していても、船や魚について知らないというのでは、ヴェズたちから学んだとはいえない。ヴェズたちから学ぶのであれば、船や魚を避けては通れないはずだ。

午後二時十五分、ベラヴェヌカという村に着いた。風が悪いので、今日はこれ以上南へ行けないという。帆を降ろし、艤装の一部を解いてから、船乗りたちは知人の家を訪ねに行った。船乗りたちの村はまだ南だが、今日のように風が悪いときには、親戚や知人に頼んで家に泊めてもらう。適当な知人がいないときには、村長格の人を探して怪しい者でないことを説明する。ここでいう「村長」とは、選挙で選ばれた行政職ではなく、村の寄り合いで選ばれて役場からいろんな通達を受ける人で、日本でいう自治会長に近いだろう。この人に頼んで、砂浜でテントを張らせてもらう。テントといっても、アウトドア用品店で売っているものではなく、帆柱や棹などで骨組みを作り、帆布をかぶせたものだ（写真10）。風や虫、夜露などを避ける機能のほかに、慣れない土地でプライバシーを保つことの意味も大きい。

船は浅瀬に錨泊しておく。その位置は、船出の時刻の水深を考慮して決める。自分の村では、船を錨泊させず、砂浜に揚げておくのがふつうだ。ヴェズの船は、とても軽量な木材で作られるため、

写真10　ムルンベの町の浜辺にできたテント村。貨物船の竣工を祝うため、各地からヴェズが集まった。テントの骨格は、漁船の帆柱や敷板、櫂、棹、刺突具などで作る。覆いは帆布。買いもので町に出るときのほか、長期で漁をするときにも、こうしたテントを設営する。1996年5月撮影。

水に浸かる時間が長いと傷みやすい。しかし、航海中に泊まった村で船を揚げると、村の船を揚げる場所が少なくなってトラブルを招きやすい。ヴェズの船乗りたちは、旅人としてのマナーを守りながら、海岸に沿って行き来をくり返しているのだ。

わたしとマルコ氏は、船を降りると、上述した「村長」のところへ行き、旅の目的を説明して、生業暦や魚名などについて質問をくり返した。はじめての場所で写真撮影をするのは気がひけたが、この村では、村人に求められて写真を撮った。捨てられている貝がらの名まえなども記録した。女性が夕食の支度をするようすにも目を向けた。今までの旅では、先を急ぎすぎて、こんな些細なことがらにも目が向かなかった。これから村に居場所ができれば、こんな風に毎日同じ風景を見ながら、暮らしに必要なことを記録し覚えていくのだ。人によっては退屈な作業かもしれないが、わたしにとってはそうでなかった。それは、大げさにいえば、あたらしい自分になるチャンスだと思っていた。

この日の食事については、ことさらに記録されていない。だがまちがいなく、魚のスープか素揚げとご飯を食べたと思う。魚は、鮮魚だったか干物だったかわからない。われわれの入港は、鮮魚を入手するには遅めの時刻だったかもしれない。しかし、食いっぱぐれることはない。人びとがあたり前にやっていることを、自分のためにもやってくれるよう、お願いすればよい。食事だけでなく万事がそうなのだと、わたしは自信をもつようになっていた。

調査地選び

十一月十二日には、風のよい時間に近くの漁村をめぐり、合計で六つの村を見ることができた。その後に二日をかけて海路でムルンベへ戻り、一日かけて陸路でトゥリアラへ戻った。

このときの航海ではっきりしたのは、サラーリ村を境として、トゥリアラ側（南側）の村々とムルンベ側（北側）の村々とではようすがちがうことだった。南の村々は、概して人口規模の大きなところが多いが、ほとんど農耕をおこなわず漁撈に従事している。魚はほとんどトゥリアラの町に出荷し、内陸の人たちが魚を買いにくることはあまりなさそうだった。

これに対して北の村々では、漁撈に専念する点では南と同じだが、人口規模が小さく二百人ほどの場合が多いようだった。二〇一四年の執筆時点ではしばしば倍近くになっているが、二十年前に人が少なかったことには、魚を売ることの不便さが関わっているだろう。鮮魚を売る機会が少ない場合、自分たちで食べきれない魚は干物か塩干魚に加工する。北ではこの割合が多いようなのだ。塩干魚はムルンベを経由してトゥリアラへ送られるため、買いあげ価格も北では安いはずだった。森さんが言った「ムルンベ付近では物々交換がおこなわれる」というのは事実でなかったが、現金取引がかぎられるという意味では、この証言は北と南のちがいをうまく言いあてていた。北の村々のように魚価が安ければ人口流出も多いだろうし、医療サービスが整わず乳幼児死亡のリスクが高いことも考えられる。

これにくわえて、北の村々では、内陸の農村から魚を買いに来る人が多いようだった。しかもその人たちは、農耕に専念するマシクル人や、狩猟採集にも強く依存するミケア人で、さらには農耕をおこなうヴェズ人もいるということだった。ヴェズはもっぱら漁撈をおこなう人たちだと聞かされていたが、先行研究のなかには、漁撈をおこなわず農耕だけをおこなう「泥のヴェズ」という人たちについて簡単に報告したものもある。その実態は、民族誌的に明らかにする必要があった。そうでなくとも、民族間関係から漁撈を読み解く視点は、トゥリアラ大学で読んだ学位論文にまったくみられなかった。そうしたことを考えると、民族間関係があまり明確でない南地域より、北地域のほうが研究テーマを見つけやすそうに思えた。

写真11　ファシラヴァ村。左手の海の近くに船着き場が、右手に集落が見える。現在は村が大きくなり、海の近くまで集落がせり出してきたほか、カメラを据えた地点にも現在は家が建っている。1995年12月撮影。

北の地域の村々は、人口規模からみても調査しやすそうだった。あまりに人口の多い村だと、人の顔と名まえを覚えるのに時間がかかるし、なにが起こったかを把握するのもむずかしそうだ。第四章で述べるとおり、一定時間のあいだに村の人びとが何をおこなったか記録する、という調査もわたしは念頭に置いていた。

北の村のどこかに、身を置いてみよう。船旅による調査が半ばを過ぎたあたりから、わたしはそう考えるようになった。そして、立ち寄った六つの村のなかでも、ファシラヴァ村という村がわたしの心を捉えるようになった（写真11）。その特徴といえば、井戸水に塩気が少なく、砂浜が長く続くといったていどで（ファシラヴァという地名は「長い砂［浜］」を意味する）、他の村と大きくちがっていたわけではない。早く調査地を決めてしまえば、何かの理由で調査地を変えざるをえなくなっても、やり直しの時間が残っているはずだ。そう考えれば、最初に調査をおこなう村は、どこでもよい。大きな違いがないのなら、居心地がよさそうなところを選ぼう。――それがファシラヴァ村だった。見晴らしのよい場所に立っているモクマオウの木陰に座って、長い砂浜を眺めるのは、さぞかし心地よいだろうと夢想した。

北の村々を巡りおわって、南の村から北のムルンベへ帰る途中、ファシラヴァ村にもう一度たち寄りたい――と思ったと、二十年前のノートに書いてある。しかしけっきょく、マルコ氏や船頭と話した結果、寄り道をせず一気に北上することになった。風や潮、宿を提供してくれそうな人の居場所を考慮したのだと思う。いずれにしろ、本格的に村に入るとなれば、トゥリアラに置いてきたノート類やフィルムなども取ってこなければならない。調査のために住みたい村が見つかり、少数ながらその村の人に顔を見せたというだけでも、大きな成果だった。次に来るときには、ひとりでファシラヴァ村に行ってみようと思った。

トラック旅行

北の村々の視察から帰って三日後、わたしはトゥリアラの町を離れ、長距離バスの旅に出た。マダガスカル島南端近くの町フォールドファン（トラナル）を経由して、アンタナナリヴへ行き、バスでまたトゥリアラまで戻るのだ。フォールドファンでは、アフリカセンターの小山さんに会って、これまでの報告をしたりキツネザルの調査を手伝ったりした（結果的には邪魔になったが）。アンタナナリヴでは、お世話になった人たちに報告したり、大使館に届いた手紙を確認したり、あらたな知己を得たりした。そして三週間後にトゥリアラに戻った。トゥリアラに一週間滞在し、ふたたびムルンベに向かったのは、十二月十六日。南半球の暑い夏が間近に迫っていた。

マルコ氏と旅行したとき、バスは朝にトゥリアラを出て、日が暮れてからムルンベに着いた。しかし、二度めの旅行で乗ったのは、バスでなく大型トラックだった。詳しい事情はわからなかったが、バスが故障していたらしい。代替となる幌付きのトラックはやがて見つかったが（写真12）、トゥリアラを出たのは昼前だった。しかも、訪れる町々で荷物の積み下ろしをおこない、途中でパンクも修理したので、まったく距離がかせげなかった。行程の半分にも達しないうち、日が暮れてしまった。

しかし、文句は言えない。トラックの経営者は、乗客のために運送約款を提示しているわけではないからだ。わたしたちは、運賃こそ払っているものの、荷物輸送のついでにお情けで運んでもらっているのにすぎない。このことに気づいてようやく、わたしは、マダガスカルの陸路旅行が日本とはずいぶん違うことに思いいたった。

荷物のあいだに長く座っていると、それだけで尻や膝などが痛くなり、苦痛を感じる。舗装されていない道なので、ときどき上下の揺れが激しくなり、荷台の合板に尻がしたたかに打ちつけられる。これを避けるには、穀物の入った袋の上に座るのがよいのだが、ここは逆に滑りやすすぎて、

写真12　マダガスカルの未舗装道を行き来するトラック。本文で述べたトラックでは貨物輸送に旅客が便乗したが、写真は旅客用で、荷台部分の隙間を埋めるように長椅子が多数固定されている。2010年1月撮影。

落ちないように気をつけていると、ゆっくり眠れないことが多い。幌の近くに穀物袋をひとつだけ置き、その上に座らせてくれれば快適だと思うが、荷主はそんなことにはかまわず次々と袋を積んでいく。

明けがたにバスが停止した。どうやら致命的な故障らしい。夜明けとともに通りかかったトラックが、荷物の一部と乗客だけを乗せてくれることになった。あたらしいトラックの運転手に対して、最初のトラックの運転手はなにがしかの運賃を払った。しかし足りなかったようで、乗客もそれぞれ七百アリアリ（約七十円）ずつの追加運賃を払った。あたらしい運転手は、あくまで好意で乗せてくれるのだ。足元を見ているようにもみえるが、そんなふうに考えてはいけない。見知らぬ土地への旅行は、ほんらい、たくさんの人たちの助けによって成りたつのであり、支払金額におうじたサービスだけで済むというものではないのだ。

さんざんな旅行だったようにみえるかもしれない。しかし、じつはこの旅行は、わたしの人生のなかでももっとも楽しい思いでのひとつになっている。朝食として、はじめてマダガスカルのタロイモを食べたり、積み下ろし助手にめずらしがられて話しかけられたり、持参したミネラルウォーターの値段を知ってか知らずか、分けてくれと頼まれたり。そうしたひとつひとつの不測事が、マダガスカルにもわたしの居場所があるのだと強く思わせるできごとだった。とりわけ、水をねだられることは、驚きだったしもったいないとも思ったが、同じ人間として認知してもらっているという確信をもたらしてくれた。

ファシラヴァ村を調査地に決めたが、それはあくまでわたしの都合だ。村に住む人たちは、そんなことを認めないかもしれない。じっさい、わたしがそこに住むようになっても、わたしの「勝手な」研究に協力しようとしない人がいた。だが、そうした問題や不安も、人間どうしのなにげないやりとりをとおして、いつか解決するだろうという安心感に変わることがある。トラックのなかでのできごとが、まさにそうだった。そして、その安心感はまちがっていなかった。わたしに協力してくれなかった村人も、わたしが村を何度も訪ねるうち、周りの人が驚くほどにうち解けてくれるようになったのだから。

ムルンべに着いてから、わたしは、マルコ氏と同様に水産関係で国の仕事をしているノエル氏を訪ねた。マルコ氏と一緒に会ったときは、短時間での訪問だったが、このときにはお昼ご飯のご馳走にあずかった。食卓を囲みながら、たどたどしいフランス語で、ファシラヴァ村に居させてもらおうと考えていることを告げた。

じつはこのとき、ファシラヴァまでどのようにして行くのか、わたしに確固とした考えはなかった。マルコ氏のように船を探してもよいが、ことばのできないわたしは、法外な値段を要求される可能性がある。それを見こして、あらかじめトゥリアラでマウンテンバイク型の自転車を買い、追加運賃も払ってトラックに載せた。そのことをノエル氏に言うと、彼は、自転車を使う必要はないと答えた。イセエビの買いつけボートに乗せてもらえばよいという。このボートは、週に一回村々を回っていて、次の便が明後日に出る。値段を交渉する必要はないし、船外機エンジンを備えているから、逆風でも無風でも心配ない。

わたしたちは食事が終わると、ボートの所有者のところに行った。事情を話すと、ふたつ返事で乗せてくれるという。渡りに船とはこのことだった。さしあたり、一週間村に滞在するつもりで、三十食分の米を市場で買った。そして、訪問目的を説明するためのマダガスカル語文章を、辞書と首っ引きでノートに書きとめた。

村入り

一九九四年十二月十九日。午前四時半に起きだし、ボートの所有者の家に行った。約束の五時より十分ほど遅れたが、船員たちはまだ眠っていた。やがて積み荷が始まった。イセエビを入れる大きなコンテナがまん中に陣取り、人の居場所はどこかと不安になったが、けっきょく、コンテナの上を含めて六人の男たちが無事に居場所を得た。六時三十七分に船が出たが、買いもののため、近くの浜で錨泊。ムルンベの町を後にしたのは、七時十分だった。ボートは十五馬力の船外機エンジンを備えていて、船足が早かった。

十時二十五分、ファシラヴァ村を望む砂浜に着いた。村から三百メートルほど離れていて、付近に人影はない。なぜここで降ろされたのか、そのときにはわからなかったが、後で考えてみると、船はすぐに出港したかったのだと思う。村の前浜に船を着ければ、かならず村の人たちが寄ってきて、挨拶を始める。ときには、すぐに商売の交渉を始めることもあろう。しかし、ボートは、ファシラヴァだけで荷を集めるのではない。潮が満ちて荷が集まる頃には、もっとも遠い（南の）村に居て待っていなければならない。それで、先を急いだのだと思う。

多くの米とわずかの衣類が詰まったリュックを担いで、わたしは、砂を踏みしめながら村をめざした。途中で、ひとりの女性とすれ違った。挨拶のやりとりはうまくいった。なぜ外国人がこんなところを歩いていたのか、彼女はいぶかしかったにちがいない。しかし、話せば長くなる。少しことばができることを示せれば、この場はじゅうぶんだろう。

写真13　集落と渚のあいだにある、船大工の仕事場。くり抜き材の上に板をつぎ足してへり（舷）を高くする工程では、低い姿勢でも作業できるよう、くり抜き材を砂のなかに埋める。手前の男性は、船の縁にあたる「こべり」を焼きごてで堅く加工しているところ。1995年2月撮影。

村の前に広がる砂浜では、ひとりの男が船を作っており、その周りを数人の男が囲んで話をしていた（写真13）。ヴェズの社会では、船の建造を学ぶのに、特段の修業を積むわけではない。造船にすぐれた漁師は、注文を受ければ船を作るが、漁に出ることも欠かさない。漁師の一部が造船も担っているのだといえる。

挨拶が終わってから、この男たちの心象を悪くしてはいけないと思い、タバコをさし出した。好きな人に一本ずつといううつもりで出したのだが、男たちはそれぞれに二〜三本ずつを取り、さし出した箱は空になってしまった。

後でわかったことだが、ヴェズの男たちはタバコを分けあうとき、火のついたタバコを回して吸う。わたしもそうすれば、タバコの箱を空にすることはなかったのだ。いっぽう村の寄り合いなどでは、訪問者から寄付があったとき現金のまま分配し、割りきれなかった端数をタバコに交換して、さらに細かく分配することがある。わたしがタバコをさし出した場は、寄り合いの最中ではなかったが、平等分配の方式が適用された。予想以上にタバコがなくなってしまったが、訪問者が村に入るときの段取りとしては、それほど不自然ではなかったかもしれない。

わたしは次に、あらかじめ作文してきた訪問目的を読みあげた。そして、マルコ氏が勤める水産局が発行してくれた手紙を見せた。そこからいろいろな話が始まると期待していたが、そうではなかった。マダガスカル語で書かれた手紙に目を通したのは、学校教員らしき一人だけだった。その場でもっとも年齢を重ねたらしい人が、わたしに次のように言った。

「君の訪問目的を聞くべき『村長』は、夕方にならないと帰らない。しかし、君はこの村に知りあいもおらず、腹が減るだろう。そこにいる学校教員が、君の世話をすると言っている。彼について行って、夕方になったら『村長』のところへ行きなさい。」

学校の先生の名まえは、スルフといった。ほんとうを言えば、わたしは漁師のお世話になって、漁師の家族の毎日を近くで見ていたかった。しかし、ものごとには段取りがある。よそ者のわたしが無理を言うべきではなかった。それに、どの漁師ともまんべんなく仲よくなるには、特定の漁師の世話になるより、漁師でないスルフ先生のところからいろんな漁師のところへ通ったほうがよいかもしれなかった。わたしはありがたく、先生について行き、最初のごちそうにあずかった。

昼食が済むと、学校の校舎を借りて昼寝をした。朝起きたのが早かったということもあったが、陽射しが強くて疲れやすいということもあった。ちょっとした木陰に入れば、汗をかくことはまずないのだが、日なたで行動していると、肌がじりじりと焼けるのがわかり、立っているだけで疲れる。なにしろ、もっとも暑い季節だ。ともかく今は、無理をせず、仕事を継続できるリズムをつかもう。聞くところによると、時間をかけて日焼けすれば、陽射しは次第に気にならなくなるという。わたしが昼寝した校舎には風が通らず、わたしが寝ていた木製の長椅子には汗がべっとりついた。だが、スルフ先生や生徒たちは何も言わなかった。

この日の午後は、船大工のそばに居てすごした。例によって、魚名をはじめ、いくつかの単語を書きとった。しかし、村探しをしていたときと違い、ひと段落してもたち去りはしなかった。時間が制限されないのはありがたかったが、そのかわり、沈黙の気まずさにも耐えなければならなかった。相手は迷惑だったろう。

夕方になって、学校の近くにあるタマリンドの木陰に、ダンロップ製のテントを張った。しかしスルフ先生は、この場所はよくないから移動せよと言う。理由は、木に宿る霊が夜中に騒いで、嫌がらせをするから――少なくとも、わたしには、彼がそう言っているように聞こえた。後になって知ったことだが、タマリンドはしばしば霊の居場所となっていて、霊媒師がドゥアニの祠を祀っていることがある（第四章参照）。わたしがテントを張ろうとした木には、そうした祠がなかったが、先生はタマリンド一般を神聖視していたのかもしれない。

テントを張ったり動かしたりしていると、子どもたちが集まってきて、わたしの一挙一動を観察しはじめた。こちらの作業が終わって腰を下ろしても、子どもたちは帰ろうとしない。にやにやと笑いあい、なにかが起こるのを待っている。わたしはとっさに、マダガスカルに来て間もない頃、路上で物乞いする少年たちにことばを教えてもらったことを思いだした。そしてここファシラヴァ村でも、気づいたときには、子どもたちのことばをわたしがくり返して、子どもたちを笑わせていた。ある種の異文化コミュニケーションだろう。わたしが始めたのか、彼らが始めたのか、いまとなっては思いだせないが。

夕暮れになって顔が見えなくなるまで、子どもたちはわたしを囲んでいた。やがて、スルフ先生の奥さんが教員宿舎にわたしを招き、食事を出してくれた。わたしが先に食事をして、外に出てくると、交代で先生一家が入って食事をする。この日から、それが決まりになった。屋外にすわっていると、蚊が寄ってくる。それをパチパチとはたきながら、わたしや先生、わたしを見物に来た客たちは、暗がりのなかで話しあった。

話のあい間に上を見あげると、日本ではほとんど見かけなくなった満天の星空が広がっていた。大学に入った直後に知床で見た星空が重なり、人智を超えた導きを感じた。

第三章　話しかけてもらいたい――住みこみ調査の開始

本章では、本調査（二度めの渡航）について述べ、とくに、村人とうち解けるうえで効果があった調査活動について述べたい。ただし一部の調査プログラムは、予備調査（初めての渡航）のときに着手し、本調査でも継続したものだ。本章後半の「個人名を聞きとる」「漁に同行する」などがそれにあたる。村人とうち解ける努力は、調査の初期だけでなく、調査が終わるまで続けられる。

本章と第四章で紹介するのは、「身をもって知る」ための具体的な方法論（プログラム）だ。なかには他の分野（とくに動物行動学）でよく用いられる定量的調査もあるが、フィールド人類学の場合には、同じ方法論が「身をもって知る」ことと不可分なことがしばしばある。それについても、個々のプログラムを説明するなかで、述べていくつもりである。

受けいれ先がない！

スルフ先生と知りあったとき（一九九四年十二月）は、十一日間にわたってファシラヴァ村に滞在した。その後いったんトゥリアラの町に戻り、お世話になった人たちに調査の進捗を報告した。そしてふたたび、一九九五年の一月から二月にかけて、二十二日間にわたってファシラヴァ村に滞在した。このときの滞在では、知りあいも順調に増え、予備調査の目的をじゅうぶん果たしたという手ごたえがあった。スルフ先生も、次回にわたしが来たとき住まう家を建てると言ってくれた。わたしは、ファシラヴァ村に受けいれてもらえると信じて日本に帰り、忙しく半年間をすごした。

ところが次にマダガスカルに来てみると、スルフ先生は転勤になり、ほかの村に移ってしまったという。

この噂を耳にしたのは、ムルンベの町だった。噂を伝えてくれた男は、ファシラヴァ村で生まれた女性の配偶者で、しばらくファシラヴァ村に住んでいたときにわたしと知りあった。しかしもう村には戻らず、ムルンベで暮らすつもりで、漁船も手放してしまったという。スルフ先生が転勤したベヴァトゥ村は、ファシラヴァ村へ行く途中だから、行きたければ漁船を借りて送りとどけてやろうと男は言った（44ページ地図参照）。

男が提示した渡し賃はけっして安い値段ではなかったが、のんびりしていると、これまでの下準備が水泡に帰してしまうかもしれない。気が急いていたわたしは、とにかくベヴァトゥ村まで送ってくれと頼んだ。

九月二十二日、どこかから船を借りてきた男に、ベヴァトゥ村まで送ってもらった。スルフ先生の家は、学校近くの教員宿舎だとすぐにわかった。わたしが行くと、スルフ先生は喜んでわたしを迎え、ぜひベヴァトゥ村で暮らすようにと勧めてくれた。そして、すでにわたしの家も作りはじめているのだとつけ加えた。

その家に案内してもらうと、期待したよりずっと小さな家だった。先生の知りあいが作ってくれているという。まだ骨格ができたばかりだったが、壁や屋根にガマの茎や葉を敷きつめれば、すぐにでも暮らせる。先生の知りあいは、翌日わたしがムルンベまで帰るときに船を出してくれた。先生の言うことはなんでも聞く人で、その点では頼もしかったが、昼間から酒を飲んでいるようだった。スルフ先生と別れるとき、わたしはいちおう、準備を整えてからまた戻ってくると告げた。

まずムルンベに着いた後、陸路でトゥリアラ、アンタナナリヴへと来た道を戻った。アンタナナリヴに残してきた荷物を回収し、調査地にまで持ちこむためだ。どんな荷物を持ってきたかは、183頁を参照してほしい。アンタナナリヴに帰る頃には、十四ヶ月の長きにわたって調査できるヴィザも発行されているはずだ。日本で調査計画を立てたときには、調査地に入る準備が万端に整ってから、アンタナナリヴまで荷物をとりに行こうと決めていた。しかし、ムルンベからアンタナナリヴに向かう道中で、わたしはまだ、ベヴァトゥのスルフ先生の世話になるべきかどうか思案していた。

スルフ先生は信頼できる。あまり大きくはなかったが、わたしが頼んだ家を建ててくれていたではないか。心配なのは、スルフ先生が村に根づいておらず、いつまた転勤するかわからないことだった。また、生粋の村人ではないから、寄り合いでの発言力は弱いだろう。想像をたくましくするならば、ファシラヴァ村からベヴァトゥ村に彼が転勤したのも、わたしの受けいれをめぐって村人といさかいを起こしたことが原因かもしれなかった。

調査にとっては、ベヴァトゥ村でなくファシラヴァ村に行くほうがよいように思えた。ファシラヴァ村では、人の名まえをずいぶん覚えたし、漁に連れていってくれる人もいる。べヴァトゥ村でわたしは「ジャポネ（日本人）」と呼ばれたが、ファシラヴァ村では多くの人が「タク」と名まえで呼んでくれるではないか。

困ったのは、スルフ先生に代わる人がいないことだった。彼は、わたしの身の回りを世話してくれただけでなく、ことばのできないわたしにさまざまなことをわかりやすく説明してくれ、村の内幕などもこっそり教えてくれた。うるさい客がいれば、なだめて帰るようし向けてくれた。調査にとっては、ファシラヴァ村に帰るのがよいと思いつつも、一から暮らしを整えようとすると、まだまだ時間がかかりそうだった。

アンタナナリヴには十月一日に着いた。気分は晴れなかったが、やることはたくさんある。京大が協定を結んでいるチンバザザ動植物園（第五章参照）やアンタナナリヴ大学、日本人会などに顔を出し、荷物の送りだしやヴィザ受けとりなど、諸手続きを進めた。しかし、あまりゆっくりしてはいられない。十月終わりには村に入り、調査を始めたかった。十四日、大量の荷物とともに飛行機に乗りこんだ。

決断

飛行機は直接にムルンベに向かうのではなく、ムルンダヴァという町を経由した（7ページ地図参照）。この町は、並木のように美しく整列したバオバブで知られる。観光のために外国人が訪れることもあって、ムルンベより人口が多い。このときの滞在では、バオバブの林を訪れられなかったが、乗り継ぎのために一泊し、町を見てまわる時間があった。

目抜き通りは広いが、自動車はさして多くない。その両側に並んだ店舗では、自転車やかばん、衣類など、色とりどりの輸入品が展示されていて、ちょっと想像力をはたらかせればパリのパサージュ（商店街）に思えなくもなかった。ファシラヴァ村の漁師たちがこんなところへ来たら、どんなふうに感じるのだろう。

とつぜん、名まえを呼ばれたような気がして、そちらを向いた。店舗の入口のステップに、男がふたりばかり腰かけている。その後ろにも、若い男たちが二〜三人立っている。なんとそこには、最初にファシラヴァ村に滞在したときわたしをよく漁に連れていってくれたヴィトルという漁師と、その兄弟たちがいた。わたしは思わず駆け寄りそうになったが、彼らはもっと冷静で、隣家の人と駅でばったり会ったという風情だ。ただ、避けようとするようすはなく、やはり奇遇をおもしろがっているようにみえる。

話してみて、状況が少しずつ飲みこめてきた。彼らは七月からしばらくのあいだ、この町の近くの島でキャンプ生活をしながら、漁をしていたというのだ。ムルンダヴァはムルンベから約一八〇キロメートル、ファシラヴァ村から約二四〇キロメートル離れているが、漁獲が豊富なため、ファシラヴァ村からも多くの出漁がある（164頁参照）。彼らはこれから村へ帰り、そこでまた漁をするそうだ。

ヴィトルは、「おまえもまたファシラヴァ村で漁についてくるか?」とわたしに尋ねた。わたしは「もちろん!」とすぐさま答えた。「ベヴァトゥ村に来る」とスルフ先生に答えたときより、ずっと力強く答えたと思う。ただしこの日は、どこで調査することになるのか見通せないこともあって、あまり話さずに別れた。

翌日、無事にムルンベに着いてから、三泊したのち船をみつけてベヴァトゥ村に行った。ただし、移りすむ気はなく、おおかたの荷物はムルンベに残しておいた。先生の宿舎の横にテントを張り、三泊したが、ファシラヴァ村でのような興奮はなかった。漁に連れていってくれと、誰かに頼めばよかったのかもしれない。しかし、調査にも勢いというものがあって、一度やったことを別の場所で同じようにできるとはかぎらない。

ふたたびムルンベに戻ったのちも、先行きが見えずに鬱々としていた。一年前に初めて泊まったホテル・モザンビークは、いまやわたしの定宿で、従業員も気心が知れるようになっていた。レストランに居すわって、飲みものを前にしてぼうっと通りを眺め、食事をしたり本を読んだり書きものをしたりした。わたしが居すわっているあいだに、何組かの客が入れかわり、そのうち何人かがわたしに声をかけて去っていく。そうして二日が過ぎた。

とつぜん、わたしは、ことばを交わした客のひとりのことが気になりだした。その客は、そこで初めて会ったのではなく、予備調査のときにファシラヴァ村で会っていた。スルフ先生と同じくキリスト教学校に勤めていたので、同僚のよしみでスルフ先生を訪問し、近くでテントを張っていたわたしとも少しだけ話していたのだ。

彼はなぜ、ムルンベに居たのだろう。バカンスは終わったから、新学期で彼も忙しいはずだ。――じっさいにはこのとき、万聖節の休暇が始まりつつあったのだが、キリスト教の行事をあまり知らないわたしは不思議に思い、彼がどのような仕事をしているのか従業員に聞いてみた。最初は名まえを思いだせず、話が通じるまでにずいぶん時間がかかった。従業員によると、彼の名はダンテシといい、つい最近までファシラヴァ村に近いキリマリニカ村の学校に勤めていたが、今は無職で、ムルンベで仕事を探しているという。従業員とは、昔から仲がよかったようだ。「じゃあ、彼がどこに住んでいるか、知ってる?」と聞くと、知っているという。

わたしは、期待に胸が高鳴った。ひょっとすると彼は、スルフ先生の代わりに、わたしの調査を手伝うと言ってくれるかもしれない。もしそうなら、まず、ファシラヴァ村に向かう船を難なく探せる。それから、村で住まいなどを手配してもらえる。やりかけの調査の完成や、これから始める調査にも、つき合ってもらえるだろう。スルフ先生には仕事や家庭があり、わたしの調査には部分的にしか同行できなかったが、独身のダンテシならばじっくり面倒をみてくれるかもしれない。何もかもが解決していくような気がした。

その日の夕方、従業員に連れられて、ダンテシの仮住まい先を訪ねた(写真14)。わたしは前置きをせず、彼に頼みこんだ。ファシラヴァ村に行って、わたしと一緒に住みこみ、調査を手伝ってほしい。家賃と食事はこちらが持つ。学生なので、多額の日当は出せないけれど、一日につき五千

写真14　ダンテシ・タカンテラくんは、調査助手・現地コーディネーター・通訳・語学教師など、さまざまな役割をはたしてくれた。1995年10月撮影。

アリアリ（約五百円）払う。ただし、村から町に出てきたとき、まとめて渡すことにさせてほしい。

ダンテシは黙っていたが、うなずきながら聞いていた。そしてわたしが話しおえたのを確かめると、わたしの顔を見つめながら言った。

「いいよ、一緒に行ってあげよう。出発はいつになるかな。」

村の寄りあい

三日後の十月二十五日、わたしとダンテシは、ムルンベから船出した。目的地は、ファシラヴァ村。ベヴァトゥ村への未練はもうなかった。荷物は、最小限の調査道具と食料だけだった。アンタナナリヴから運んだ大量の荷物は、ムルンベのホテルで預かってもらった。

道中でダンテシの素性をいろいろ聞いていると、彼の協力によって、わたしが想像した以上にたくさんのことができそうだとわかってきた。まず、彼には、ファシラヴァ村に嫁いだ従姉がいる。彼女に頼めば、住居をどこかに探せるだろう。彼はまた、キリマリニカ村でもかつて教鞭をとっていた。ファシラヴァ村の東隣に位置するこの村は、農耕を生業とするマシクル人の村で、ファシラヴァ村を開基した人の故地でもある（147ページ参照）。ここの村人について、ダンテシはたいてい名まえを知っているから、漁村と比較するための調査もできそうだった。

それにしても、なぜキリマリニカ村のマシクル人は、ファシラヴァ村に移り住んだのだろう。そして、先祖がマシクル人だったにもかかわらず、なぜファシラヴァ村の人たちは自分たちをヴェズと呼ぶのだろう。どこかにまちがいがありそうだった。しかし、調査を進めていけば、なにがまちがいかがわかるだろう。農耕や民族性をテーマにからめながら漁撈の調査をすることで、トゥリアラ大学の学生たちとはひとあじ違った調査ができそうな気がした。このことについては、次章で述べる。

ダンテシはまた、薬品についての知識が豊富だった。買いだしのとき、彼はたくさんの食糧とともに、村人に分ける薬品を多めに買っていこうと提案した。彼の提案のおかげで、薬品をほしがる村人について頭を悩ます必要がなくなった（106頁参照）。彼はまた、料理も得意だったので、食事はわたしと手分けして二人で作ることになった。

このようにしてみると、ダンテシはわたしにとって調査助手であり、現地コーディネーターであり、通訳であり、専属薬剤師であり、料理人だった。また、彼自身、わたしに文化やことばのことを教えてくれた。そういう意味では、インフォーマントであり語学教師だった。そしてもちろん、同居人であり友人でもあるわけだ。

われわれは、ファシラヴァ村には直行せず、五キロメートルほど手前にあるラヴァドゥアカ村にたち寄った。ここより先に行く船がみつからなかったのだ。船は早くに着いたので、この日のうちにファシラヴァ村に着けないこともなかったが、ラヴァドゥアカ村はダンテシの生まれ故郷で、彼の母もここに住んでいたため、生活上の大きな変化を親戚に伝え、ファシラヴァ村の生活に必要なものや資材を手配しようとした。

そのときついでに、彼は大事な忘れものを買いたした。それは、サトウキビから作った蒸留酒である。製法はラムに似ているが、工業的に品質が管理されておらず、ボトリングもされていないので、ラムとは区別して「トカ・ガシ（マダガスカル酒）」と呼ばれることが多い。これは、わたしたちが飲むのではない。さまざまな儀礼での贈りものとして、アルコール類は欠かせない。ダンテシは次のように言った。

「われわれが村に着いたらすぐさま寄り合いを開いてもらい、長期間滞在する旨を伝えて、贈りものとしてトカ・ガシを受けとってもらおう。」

ダンテシは、わたしの村入りを準備しようとしてくれたのだ。村人を尊重しようとするこの態度は、スルフ先生よりはるかに周到だった。ひょっとすると彼は、スルフ先生と村人たちとの関係についてなにか知っていて、村人との関係に配慮したほうがよいと判断したのかもしれない。彼は、スルフ先生とは別の分校に勤めていたけれど、もともとは同僚なのだから、ファシラヴァ村のできごとを逐一聞いていたとしても不思議はない。

あるいはまた、ダンテシ自身が、村人との関係について苦い経験をしたという可能性もある。後に聞いたところによれば、彼は自発的に教職をやめたのではなく、教会を運営する外国人神父の不興を買ってやめさせられたという。その理由について、わたしはそれとなく訊こうとしたことがあった。しかしダンテシは、「他人の謀略にはめられたのだ」と漠然と答えるだけで、真相はわからなかった。仲の悪い村人に濡れ衣を着せられて、神父との仲が険悪になったのかもしれない。

ダンテシが村人に気を使う理由はわからなかったが、適切な処置だったと、今は思う。フィールド人類学の調査に入るうえでは、村人とのあいだに無用な疑念が起こらないよう、できるだけの手を打っておきたい。打つ手の内容は、調査地によって異なるだろうから、村入りまでのあいだに、できるだけ情報を集めておくべきだろう。

ファシラヴァ村には、二十六日に到着した。村に上陸すると、われわれはまず、ダンテシの従姉の家に入らせてもらった。村で妙な仕事をしていた外国人を、はからずも親戚が連れて入ってきたのだから、家族たちも驚いただろう。ここでは、昼食をごちそうになった。ダンテシは、従姉やその夫たちに向かって、ずいぶんいろいろな話をしていた。近況だけでも話すことがたくさんあったはずだが、それに加え、わたしの訪問目的や計画もくり返して述べた。住まいを探していることや、

写真15　寄り合いのようす。この写真は村入りのときではなく、村を離れるとき、お礼を述べるために集まってもらったときのもの。村の女性は、画面の右上にみえる。1996年10月撮影。

毎日の食事の算段も、ここで説明したはずだ。そして、早いうちに寄り合いで挨拶したいという希望も、忘れずに伝えた。

寄り合いは、早くも当日の夕方に召集された（写真15）。召集をかけたのは、ダンテシの従姉の夫だ。この人には、予備調査のとき、一度だけサメ刺網漁に連れていってもらっていた。だからまったく見ず知らずというわけではなかったが、それでも、村で本格的に暮らすうえで、こんなに世話になるとは思わなかった。

寄り合いでは、召集をかけたダンテシの親戚が長めに趣旨を伝え、その後を受けて、ダンテシがわれわれの訪問目的を伝えた。参加者の多くは、ダンテシのことも知っていた。さもなければ、到着の日の夕方に、さっそく寄り合いで受け入れてもらうということはできなかっただろう。ダンテシは、演説をおこなっているあいだ幾度となく、わたしが漁や生活習慣、しきたりなどの勉強に来ているのだと説明した。

本来ならば、わたし自身もここで一席ぶたなければならないが、マダガスカル語を勉強中ということで免除してもらった。ダンテシの締めくくりのことばはよく理解できなかったが、その後にわたしが寄り合いに参加した経験から考えると、次のように述べたと思う。

「お父さんお母さん、兄弟姉妹、そして子どもたち。あなたがたがわたしたちを受けいれてくれるお礼として、小さな感謝のしるしをさしあげます。なにとぞお収めください。」

ひとりあたりにすると小さいが、なにぶん人数が多いので、場の中心に並べたものは少量ではない。蒸留酒が約一リットル、ワインが三リットル、そして金銭が七千アリアリ（約七百円）。それらを、贈りものとして納めてもらうため、場に置いた。金銭だけは、年長者に手渡した。年長者は、商店を営む者にそれを渡し、両替を指示した。

誰かがコップを持ってくると、中年の男が自発的に立ちあがり、アルコールの瓶とコップを持ち、座をめぐってひとりひとりに飲みものをついでいった。後から知ったのだが、この役の者は余ったアルコールを飲んでも大目にみられるので、酒好きが買ってでる。コップを受けとった者は、飲みものをついでもらうと一気に飲みほし、隣の者にコップを回した。

その間、待っている者たちのあいだで、いろいろな話が交わされた。その大部分は、わたしが予備調査に来ていたときのわたしのふるまいについてであり、おもしろおかしく披露されていたと思う。全員に飲みものが回り、女性たちが金銭を受けとると、参加者たちは三々五々に帰っていった。

これで、村入りのための儀礼は終わった。なんでも調査できるというわけではないにせよ、これで、かなりのていど大手を振って調査できることになった。憲兵隊などがパトロールに訪れ、わたしを怪しんだとしても、村の人たちがわたしを守ってくれるだろう。じっさい、長期におよんだ滞在では、そうした場面も二度ほどあった。

いろいろな人のおかげで、ここまでたどり着いた。だが、誰よりもお礼を言うべきは、わたしのために時間を割くことを短期間で決断してくれたダンテシだろう。

地図を作る

ダンテシのおかげで、住まいは意外に早くみつかった。あらたな生活については、後で述べよう。まず、早々に着手した調査プログラムについて述べなければならない。それは、毎月一回、村のなかの全戸を訪ねあるき、前日の昼食と夕食になにを食べたか尋ねるというものだった。

べヴァトゥ村に居つくかファシラヴァ村に居つくかが定まらなかったとき、わたしは、早くどちらかに決めなければならないと焦っていた。その最大の理由は、この食事調査に着手しなければならなかったからだ。この調査は、毎月一回、年間を通しておこなう。そのことによって、食事に季節性があるかどうかをみるのだ。食事の面から人びとの生活を記述するのは、生態人類学の第一歩だった。

一九九五年十月のうちに最初の調査を始められれば、この調査プログラムは翌年九月に完成することになる。十月のタイミングを逃すと、完成は一ヶ月伸びてしまう。わたしの帰国は一九九六年十二月初旬だから、一ヶ月くらいなら遅れてもなんとかなるが、最初のデータ収集にはなんらかの欠陥があると想定したほうがよかった。十月に調査を始めたとしても、失敗は一回しか許されない。開始が十一月にずれ込めば、もはや失敗は許されない。

さいわい、ファシラヴァ村での生活は、十月末に見とおしがついた。しかし、すぐに調査にとり掛かれるわけではない。まず、村の見とり図を描いて、誰がどこに住んでいるのか、把握しておく必要がある。

じつは、前回の予備調査で、ファシラヴァ村の見とり図を作りはじめてはいた。しかし、村のなかは簡単に歩きまわれるようでいて、なかなかそうはいかない。とくに、食事と睡眠を除いて一日のほとんどを屋外ですごすヴェズ社会では、互いの敷地を訪問することが意外に少ない。訪問して悪いわけではないのだが、何ごとかと家主を驚かすことになりかねないので、調査するときには、しっかりその旨を伝えておかなくてはならない。そうした事情があったので、予備調査で作成した見とり図は、あくまで部分的なものにとどまっていた。

今回は、寄り合いを開いて滞在許可を乞うたばかりなので、不審がられるおそれは少ないと考え、予備調査のときよりは大胆に村のなかを歩かせてもらった。視線が気になることもあったが、こらえて平静をよそおった。もし大変なことになったら、ダンテシに助け船を出してもらえるだろう。

地図作りの詳細を述べていこう。家の大きさや家と家の間隔を歩測しながら、家の位置をノートに書きこんでいく（写真16）。このときに使っていたのは、描画用ペンと測量用ノートである（写真17）。測量用ノートには方眼紙が使われているので、地図作りにはむいている。欠点は、見開きにしてもサイズが小さく、縦十六センチ、横十八センチくらいにしかならないことだ。地図作りが重要になる調査では、もっと大きな方眼紙と、クリップつきの下敷きを持っていったほうがよい。

こうした測量のために、歩幅をはじめとする体尺値を覚えておくのは有用だ。ヴェズの人たちも、手を広げたときの指先から指先までの長さ（ツァツァ）や、親指と中指を広げた長さ（ヂェヘ）を多用する。自分の体尺値だけでなく、他人のものも測っておくと参考になろう。また、歩幅は、砂浜を歩くかアスファルトを歩くかで、微妙に値が変わってくる。歩幅を測るには大型の巻尺があったほうがよいので、こうしたものを使える機会に測っておくとよい。

筆記用具については、つべこべ言わず、入手しやすいものを選ぶのがよい。とはいえ、書きやすさと、時間が経ってからの字の読みやすさを考えれば、適不適があるのも事実だ。たとえば、わたしは乾燥した土地で調査をしていたので水性のペンを使っていたが、これは雨が降ると滲んでよくないという人がいる。かといって、油性のものは、裏写りしやすいので避けたほうがよい。また、太さも微妙で、細すぎると速記できないが、太すぎると地図作りにはむかなくなる。

わたしは、ノック式のボールペンと、ペン先〇・三ミリの製図用ドローイングペンとを併用するのがよいと思っている。ノック式のボールペンは速記に適しており、ふたを開け閉めする手間がい

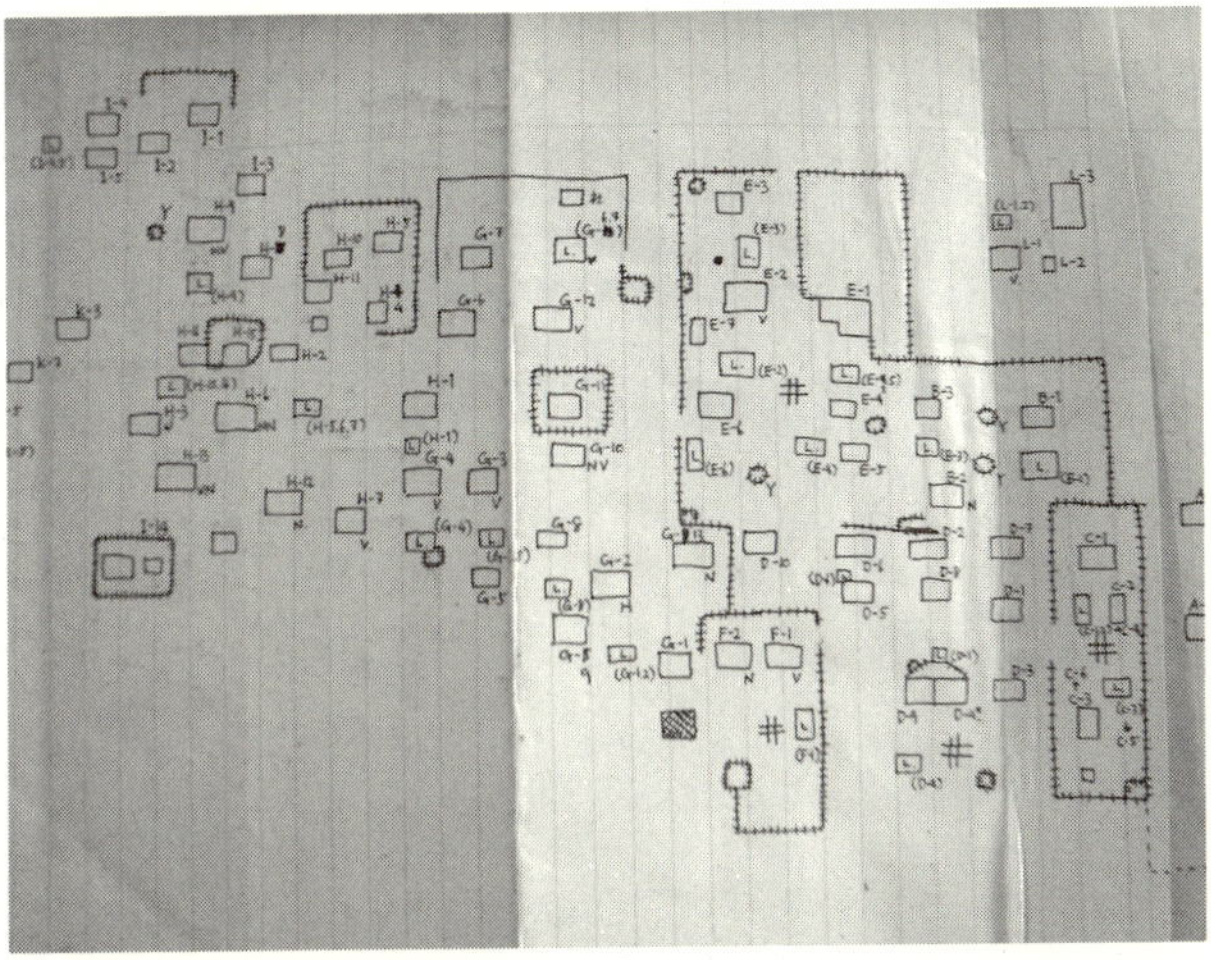

写真16　歩測調査で作成した村の見とり図。最初は方眼のある測量用ノートに記録するが、見開きには収まらないので、Ｂ５などのノートに写しとる。それでも紙面が足りないので、何枚にもわたる紙を糊づけして、ようやく全体図ができる。

写真17　必要最小限の調査アイテム。（左から）測量用ノートと描画用ペン、ノック式ボールペン。

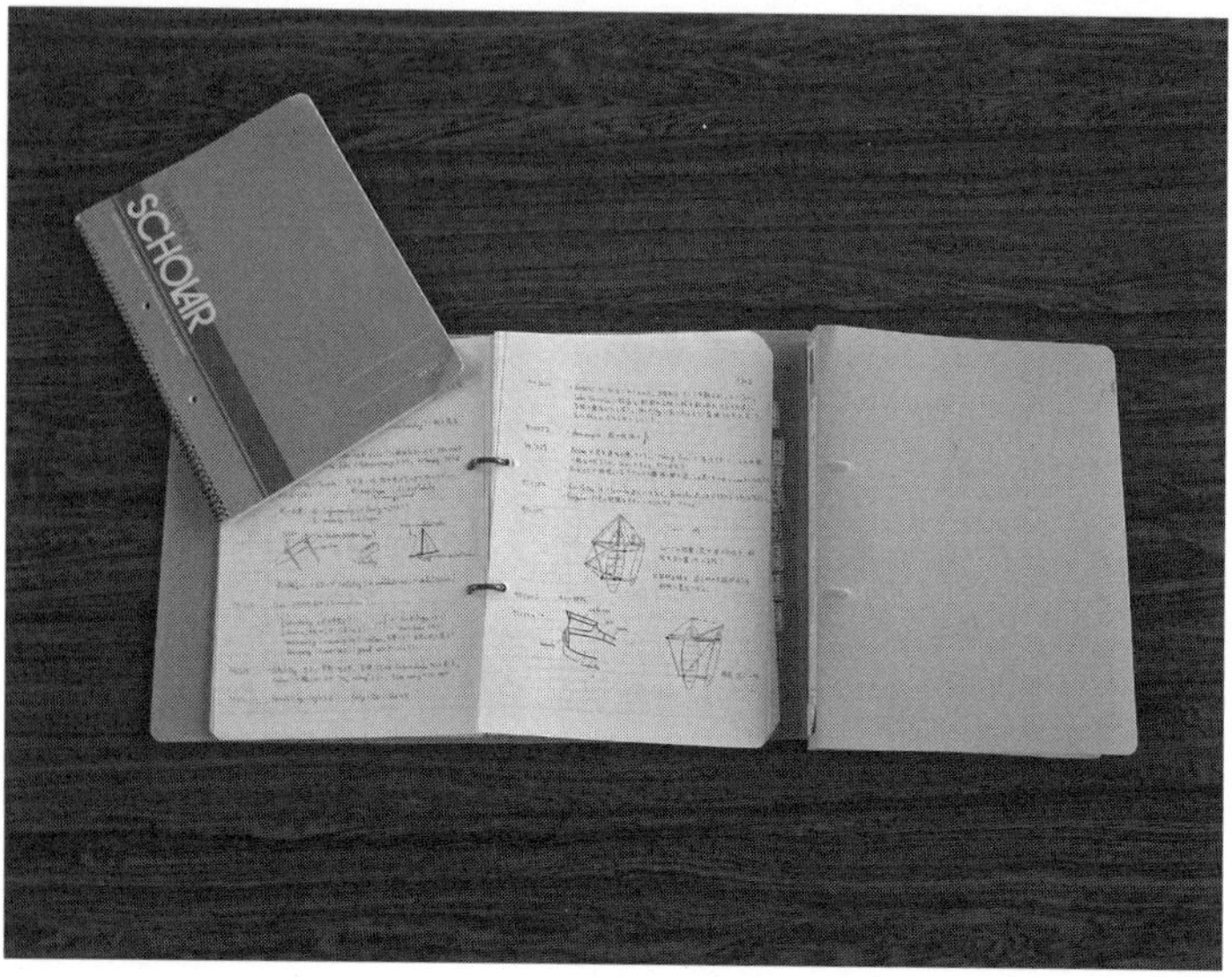

写真18　清書に使った二穴ファイル用ノートと、それを綴じたバインダー。開いたバインダーの右側についている小さなタッグは、分類したテーマの最初のページを示す。

らないだけでなく、書いた字も読みやすいからだ。速記をしなくてよいときには、ドローイングペンで丁寧に字を綴る。これは、ロットリングペンに似ているが、インク交換ができない使い捨てのもので、地図作りなどの細かい作業にも適している。

ノートは、方眼紙の測量用ノートに何でも書きこむ。ただしこれは、時系列に沿ってなんでもかんでも書きこまれているので、後で読み返すには不便だ。そこでわたしは、書いたことの大部分を、B5版の二穴ファイル用ノートに筆写していた（写真18）。筆写は日付順でなく、テーマごとにおこなう。わたしの場合は、「漁撈」「カヌー」「親族」「民族」「超自然」「生物」「気象」「魚名」といったテーマを設け、それぞれのテーマについてのメモを時系列に沿って配列していった。メモは、おのずから数行ていどのものとなる。それぞれのメモの始まりには、日付を六桁で表示する。

気をつけなければいけないのは、スケッチを省いてしまいがちなことだ。転写するのが面倒でも、記憶の拠りどころとなるスケッチは、オリジナルのノートにできるだけ記載しておいたほうがよい。そして、できるかぎり、頻繁に参照する清書用ノートにも写しておくのがよい。実物を前にしたときのような正確さは期待できないが、記憶を強化するのには役立つ。

このほか、多数にのぼるオリジナルのノートの索引代わりとして、どのノートを何月何日から何日まで使い、それぞれの日になにが起こってなにを記したか、要約して書いた。さらに、わたしが調査したときはデジタルカメラがなく、撮った写真の日付や場所などを別のノートにまとめなければならなかった。現在では、デジタルカメラで写真を撮って画像を作成した場合、画像ファイルには自動的に日付や時刻が記録されるし、ＧＰＳ機能を使って場所も記録できる。

こうしてわたしは、測量用ノートとペンを、肌身離さず持ちあるいていた。ほかには、今から思えばかさばりすぎる一眼レフカメラ、二メートルていどの巻尺、そして小型の双眼鏡を、大きなウエストバックに入れていた。一眼レフカメラは、現在では、小型のデジタルカメラで用が足りる。ただ、海岸部の調査では、水面が写りこむことが多いので、反射を少なくするために偏光フィルターを使うことのメリットが大きい。その場合には、一眼レフを使うという選択肢がありえよう。

写真19　ウエストバッグを着けたいでたち。調査道具は、水汲みのときも離さない。ただしこの写真は、カメラを触ってみたい人のためにポーズをとったときのもので、じっさいに水汲みしていたわけではない。1995年２月撮影。

双眼鏡は、単眼鏡にすればかさが減る。海岸の調査では、水平線近くの漁を観察することもあるので、どちらかがあったほうがよい。

一眼レフカメラと双眼鏡がすぐに使えるよう、わたしは、大きなウエストバックを、どこに行くにも持ちあるいていた（写真19）。ある漁師が面白がって、「タクはいつも子どもを連れているな」などとしばしばからかった。

食事を聞きとる

ファシラヴァ村の地図作りは一日で終わった。これをもとにして、誰がどこに住んでいるかを確認しながら、食事についての聞きとりを進めていった。かなりのていど、村の人たちの系図ができていたから、それとも対照しながら、系図や地図に登場する人名を補っていった。

こうしたことが可能だったのは、ダンテシが村の人たちをほぼ知っており、村の人たちの説明を詳しく伝えてくれたからだ。また、不明なところは、ダンテシ自身が自分から尋ねてくれた。その結果、キョウダイだと思われていた二人がじつはイトコだったことがわかった例もある。ほんとうは、調査者自身がこのていどの検討作業をしなければならないのだが、まだ村になじみはじめということもあって、ダンテシの協力はありがたかった。

わたしが食事調査をおこなおうと思ったのは、ファシラヴァ村の食事にそれほどバリエーションがないにもかかわらず、米やトウモロコシ、キャッサバなど、主たるカロリー源となる食材（英語ではstaple food、以下「主食」と呼ぶ）が多岐にわたっているためだった。キャッサバは、別名マニオクとも呼ばれる、新大陸原産のイモ類だ。なぜ、主食が一種類に絞られず、三種類もが併存するのか。

日本における米とパンのように、おかずによって使いわけられるのかもしれない。あるいは、家庭によって好みがちがうのかもしれないし、経済的な理由で安価な主食だけを食べているケースもあるかもしれない。季節によって、異なるものを食べているという可能性もある。

こうしたいくつかの可能性を考慮しつつ、問いに答えを出すためには、ひとつの世帯にだけ着目していてもだめだし、特定の季節にだけ調査してもよくない。簡単な聞きとりでよいので、村じゅうすべての世帯に、かつ一年を通して同じ質問をくり返し、答えをみつけるのが望ましい。

たかが毎日の食事を記述するのに、そこまで調査を大げさにすることはないと思われるかもしれない。たしかにそうだ。わたしも、いかなる人類学的調査でもこの食事調査プログラムが基礎になるべきだ、などと主張するつもりはない。しかし、簡単に結果が見とおせそうなこの調査にも、いくつかの利点がある。

まず、長期にわたる悉皆調査の結果は、それだけで価値があるということがあげられる。悉皆調査とは、調査対象者のなかから一部だけを選んで調べあげるのではなく、対象者すべてについて調べあげることだ。大学時代にわたしをフィールド人類学に導いてくれた池谷さんは、定量調査で得たデータセットでも、価値の高いものとそうでないものとがあると説いていた。一年かかってようやく集まるデータセットもあれば、一日で集めきれるものもある。時間と労力をかけて集めたデータほど、論文の価値を高める効果をもつという。ほんとうは、漁に関してそれだけのデータを集められればよかったのだが、一回一回の漁を比較するのは意外にむずかしい。漁に関する技能や漁具、漁場や活動時間などがすべて異なるからだ。この点、食事の比較はまだ単純で、「一年かけて集めるデータ」としては適切だと予想できた。

とはいえ、いくらデータを集めやすくとも、意味がなければ集めるだけ無駄である。食事調査をおこなったふたつめの理由は、漁村の生活と農村の生活とを明快に比較できるかもしれないと期待したからだ。漁村の主食が多様なのは、食材を畑で作らずに買ってくるためではないか。年間をつうじてデータを集めれば、この考えかたを実証する手がかりを得られそうな気がした。農繁期か農閑期のどちらかだけより、通年で調査をおこなうほうが、適当な証拠を得られそうだった。

　食事調査をおこなう第三の理由は、これまで接触のなかった世帯にも関係を築き、いろいろな調査をおこなう可能性を広げられると期待したからである。わたしは、最初に村に来た頃から、特定の人たちだけから情報を得ようとしていたわけではなかった。それにもかかわらず、日常的なつき合いには、どうしても偏りが生じる。だからこそ、村を自由に歩きまわって村全体の地図を作るという、いっけん簡単なことがなかなかできなかったのだ。村の全世帯を対象とした調査を、月に一度くり返すことで、日ごろつき合いのない世帯とも少しずつ関係を深められることが期待できた。

悉皆調査の意義

　そのようにしてまで「まんべんなくつき合う」ことに、どれだけの意味があるのだろう。文化人類学では、多くの事例から一般性の高い法則を得ることよりも、特定の事例をもとにして深い洞察を得ることのほうが重視される。だったら、むりしてつき合いを広げなくとも、特定の人たちにつき合いを絞りこんでおくほうがよいのではないか。――そうした考えももっともで、わたしはけっして否定しない。しかしわたしのみるところ、とくに人口の少ない村では、人間関係を狭めておくことよりも広げておくことのほうが多くの実りをもたらすと思う。

　小さな村では、誰もが顔なじみであり、ひとりひとりの性格や行動までもがこまかに把握されている。人びとは、そうした素地のもとに、小さな村での暮らしを成りたたせているのだ。ということは、どんな人が住んでいるかを知ることは、村での暮らしを理解するための第一歩である。どんな人に焦点をあてて調査をする場合でも、村の人を知るのは不可欠だ。

人口の多い都市部では、隣の人の名まえもわからないことがあるから、このかぎりではないだろう。しかし都市であっても、隣人との社会交渉が密である場合には、適当な地理的範囲を区切って、全世帯の悉皆調査をおこなうことが検討されてよい。

最初の食事調査をおこなった頃、そこまで深く考えていたわけではなかったかもしれない。しかし「身をさらす」、すなわち自分の顔を多くの人に見せながら、論文の素材にできる資料（データ）が集まるなら、やるに越したことはないと思っていた。

むしろ問題なのは、時間がかかるのではないかということだった。全世帯をまわるには、少なくとも二〜三日かかりそうだった。ファシラヴァ村の世帯数は二十あまりにすぎなかったが、写真を撮れと言われたり薬をくれと言われたりするのにつき合っていると、とても一日では終わりそうにない。しかしダンテシは、聞くことだけを聞けばすぐに次に移ることを要領よくやってのけ、二〜三時間ほどで作業を終わらせた。人びとも、ダンテシのいる手前では、わたしをからかうような話をしにくかったようだ。そんな話には、時間のあるときにゆっくりつき合うことにした。薬をくれという声に対しても、夕方子どもを使いによこせと言って対処した。

内陸にあるキリマリニカ村でも、調査は順調だった。この村には、予備調査のときに一度だけスルフ先生に案内してもらい、子どもたちの写真を撮ったりしていた。あらためて食事調査に来たときには、おとなたちはほとんど村にいなかった。われわれは、学校教員のもとに転がりこんで、食事の世話をしてもらい、その間に地図を作った。地図作りを終えて、その日のうちに食事調査までやってしまいたかったが、ダンテシは明日の朝にまとめてやろうと言って、村人との話をやめようとしない。後になってわかったのだが、農繁期になると農民は一日のほとんどを畑ですごし、村に帰ってくるのは夕方である。もっとも人を捕まえやすいのは夜明け直後なので、そのタイミングを待ったダンテシの判断は合理的だった。

食事調査の結果はすでに別著で報告したが（飯田 二〇〇八）、簡単に述べておこう（図5）。ファシラヴァ村でもキリマリニカ村でも、主食の季節性は顕著だった。どちらの村でも、トウモロコシが収穫される三月になると、トウモロコシを食べる割合が多くなる。この頃キャッサバはまだ収穫されておらず、食事にはまったく登場しないが、六～七月頃から多くなる。十月頃になると、どの農家でもキャッサバとトウモロコシの蓄えがすでに尽きていて、現金購入したキャッサバなどが多く食べられるようになる。キャッサバとトウモロコシは、収穫時期の違いと、それにともなう流通時期の違いによって、食べられる季節が異なるのだ。この点では、農村も漁村も傾向が同じだった。

米は、特定の世帯でよく食べられていた。儀礼的に重要な食材である米は、先祖に対する供えものとしてもよく用いられるが、マダガスカル南西部の村落で安定的に供給されるようになったのは最近だ。このため、都市部に住んだ経験のある人が多く食べているという印象を受けた。

農村と漁村のちがいで特徴的だったのは、キリマリニカ村（農村）において、サツマイモやスイ

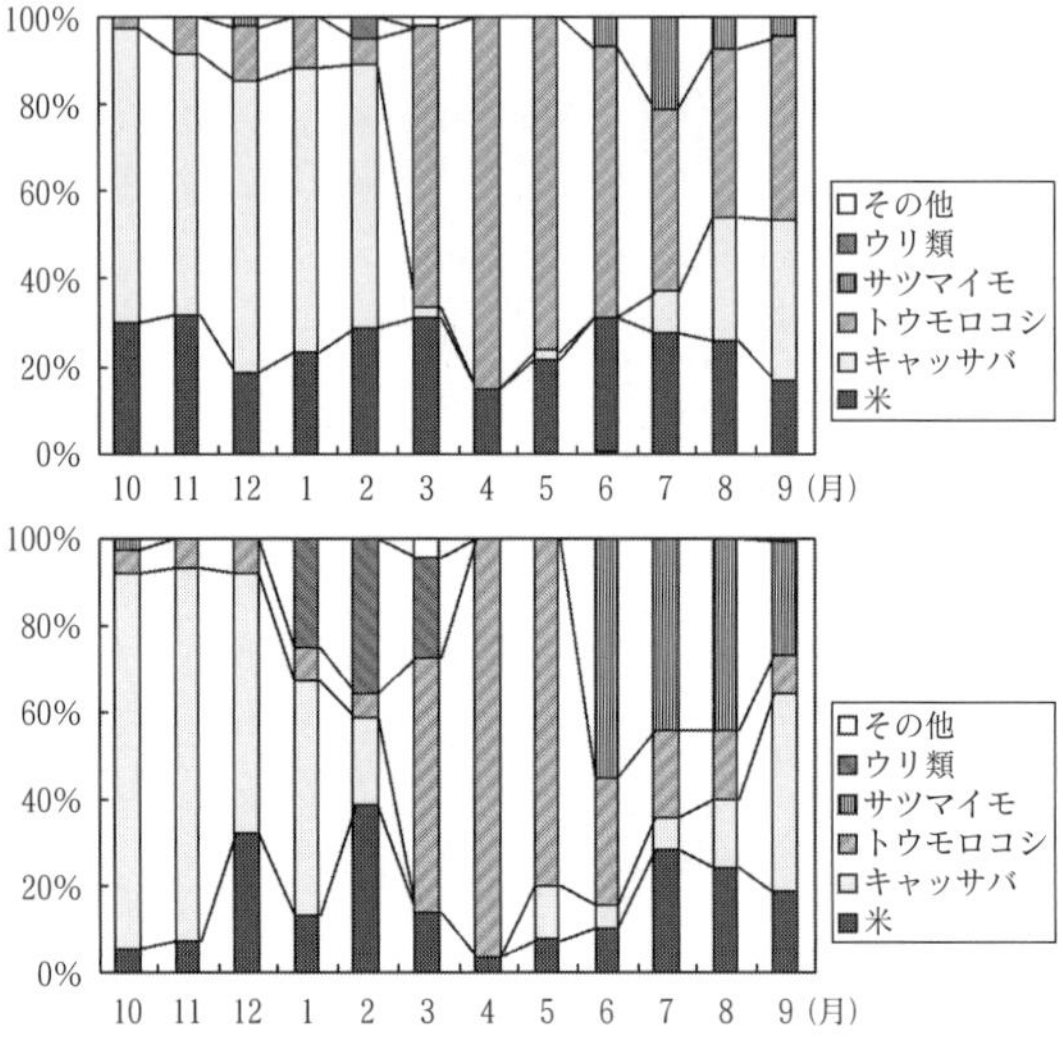

図5　2つの村における主食の季節変化（上がファシラヴァ村、下がキリマリニカ村）

カなどの、商品価値があまり高くない作物がよく食べられていることだった。収穫されたもののうち、商品価値があまり高くないものを自家消費や贈答品にまわすことは、日本などでもよくみられる。収穫期には手近にあるものを食べ、好みの食材を買ってまでして食べないというのがキリマリニカ村の特徴だった。

それから、通年の悉皆調査からわかったことが、もうひとつある。一部の世帯が、季節的に複数の村を移動していることだ。これは、海岸部で育った人と内陸部で育った人が結婚してできた世帯に多い。農繁期には農村で畑を耕し、農閑期になると、海で魚を捕る暮らしにきり替えるのだ。こうしたことも、村にいる人の全体を見渡してはじめてわかった。

このことは、村の人口を数えあげるうえでも参考になる。誰を居住者とみなし、誰を訪問者とみなすべきか。その区別はなかなかむずかしい。季節的にふたつの村を行き来する人たちだけでなく、ある年にかぎって村に住みこみ、漁をする人たちもいるからだ。こうしたことは、長期にわたる観察をつうじてはじめて判断でき、聞きとりだけで判断できるものではない。年間を通じた村人の動向をおさえるうえで、悉皆調査はずいぶん役に立った。

話しかけてもらいたい

食事調査の目的のひとつは「身をさらす」こと、そのことによって人間関係を広げることだと、前項で述べた。人間関係を広げることはともかく、フィールドに居る人たちの視線にわが身をさらすことは、じつはフィールド人類学に絶対不可欠なステップだと、わたしは考えている。

よく、建築を訪ね歩く建築家や、質問票でアンケート調査をおこなう実務家が、自分たちの仕事を「フィールドワーク」と呼ぶことがある。フィールド人類学者の多くは、わたしを含めて、複雑な思いを抱く。少なくとも、自分たちフィールド人類学者にとって、フィールドワークはそんなものではない。自分が知らなかったことがらに触れるだけでなく、他者たる相手の顔色をうかがいながら情報をひき出していく。その過程では、妥協することもあるし、自分自身の感じかたや考えかたが変わってしまうこともある。フィールド人類学者は、大げさにいうなら、自分の存在を賭け金にして調査に臨んでいるのだ。

なぜそれが不可欠かといえば、予期せぬ自分の変化を徹底的に考えぬくことで、深い理解に到達できるからだ。なぜこのような変化を余儀なくされたのだろう、なぜ相手の理屈を通してしまったのだろう、はじめに自分が考えていたやりかたをなぜ通せなかったのだろう――自分や相手の立場に照らしつつ、これらの問いを考えぬき、自分なりに納得することは、フィールドでしか体験できない。あらかじめ用意した問いに答えるだけでなく、フィールドで問いに出会うこと、これこそが「身をもって知る」ことの第一歩なのだ。

自己主張の強い研究者とそうでない研究者とでは、同じフィールド体験をしても、異なる反応を示すにちがいない。自己主張の強い研究者は、相手を説得するまで主張を曲げないだろうし、そうでない研究者は、すぐに矛を収めて無用な口論を避けるだろう。だが、どちらの反応が正しいというわけではない。自他のあいだに横たわる溝を、驚きをもって体験すればよい。研究者それぞれに性格が違うのだから、「身をもって知る」やりかたが違うのは当然だ。たいせつなのは、思いがけず露わになった自他の区別をたんに不愉快に感じるのでなく、しっかり記憶し、フィールド生活のなかで折にふれて反芻していくことだ。

話が少し先走ってしまったが、フィールドで生活を始めた時期には、できるだけ自分の姿を周囲にさらしたほうがよい。わたしの場合、このことは、北海道で調査を始めたときから心がけはじめていた。漁師の集まりそうな場所に行き、誰もいなくてもタバコをふかし、誰かが来るのを待った。そして、交渉が始まるのを期待した。直接に話しかけられなくとも、人びとのあいだで「最近来た大学生は変わっている」という評判が立つだろう。あまり名誉な評判とはいえないが、評判にならなければ、受けいれてもらうこともおぼつかない。すべては、わが身をさらすことから始まるのだ。

インド洋研究で著名なある歴史家の先生から、次のように聞いたことがある。あたらしい町に着いたら、まず、人が集まってお茶を飲んでいる場所に行く。そして会話をして、公文書館では得られない話を聞く。こうした話の重要性を、この先生は、フィールド人類学者と一緒に仕事をするなかで学んだという。

最初のマダガスカル渡航のとき、村探しの途中でファシラヴァ村を通りかかったのを別とすれば、ファシラヴァ村には最初に十二日間、二回めに二十二日間滞在していた。この二回の滞在時でも、二度めの渡航で調査を本格的に始めてからも、とにかく人の集まるところに行き、座るよう心がけた。人と話すのが億劫なら、絵を描いたり字を書いたりすることにした。画才のないわたしでも、魚の形や特徴をメモするだけで、周りの人たちは感心してくれる（写真20）。村の暮らしでは、絵を描くことがそもそも少ないのだ。

また、わたしが日本語の文字を書いていると、とても文字にはみえないという感想や、ムルンベの商店の空き箱に同じような字が印刷してあったという体験談が語られる。そうして、わたしが字を書くのを飽きずに見ているのだ。しまいには、わたしが耐えきれなくなって、別の話を始めるようになる。ファシラヴァ村の人たちは、わたしに言わせれば天才的なやりかたで、ひとりきりの世界に逃げ込むことを阻止してくれた。

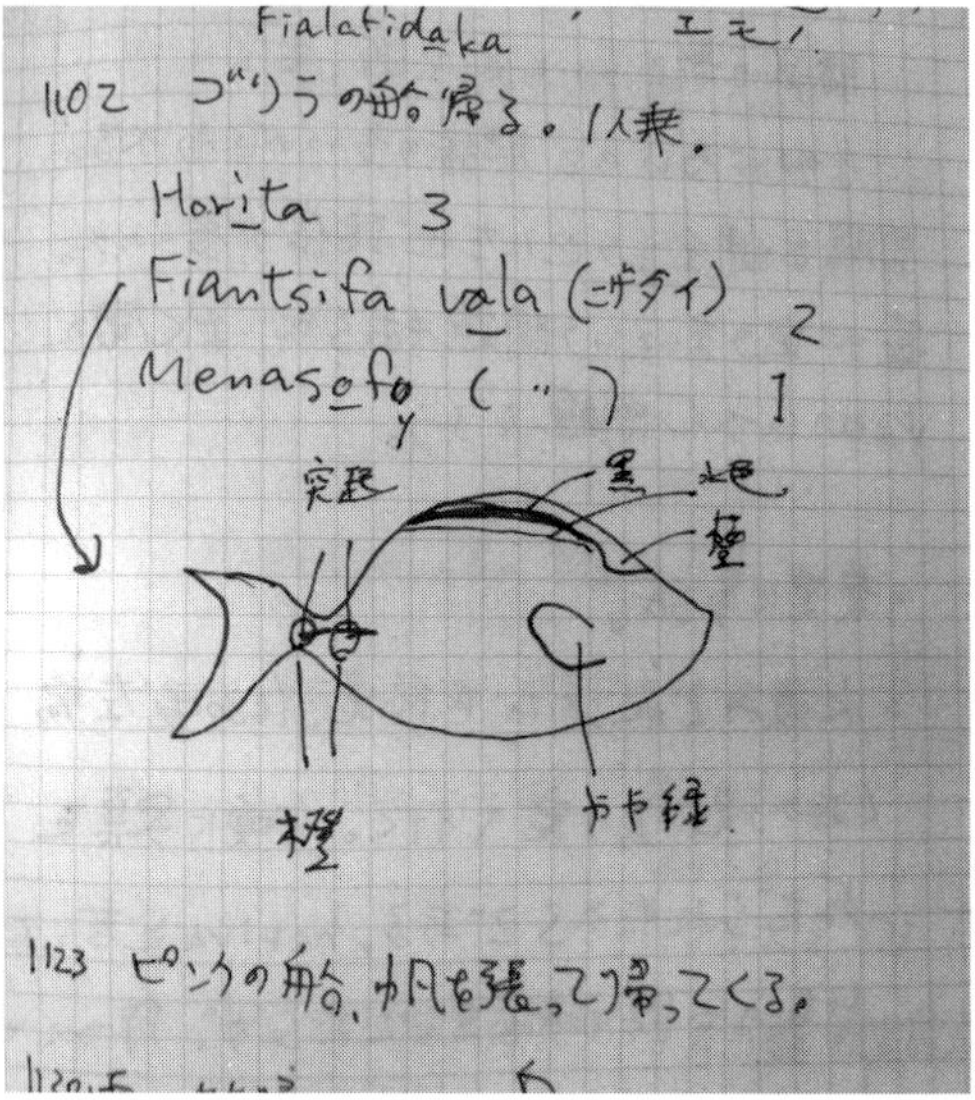

写真20　漁船の出入りを観察（128頁）しながらスケッチした魚。1994年12月27日に記録。ニザダイの仲間であることは、描いた本人でないとわからないはず。しかしヴェズの子どもたちは、スケッチの特徴とモデルの魚とを見くらべて、その類似を見つけて喜ぶ。

わたしがよく通ったのは、いちばんはじめに村人と接触した場所、海を見晴らす船大工の仕事場だった。わたしはよくここで、黙って座りこんでいた。船大工にとっては、迷惑だったかもしれない。しかし、船大工のもとには、わたしのほかにも暇そうな人たちが集まった。船大工は少々の邪魔には慣れていたし、集まった人たちは、それとなくわたしを観察していたと思う。

誤解のないようつけ加えるなら、誰とでも仲よくせよというわけではない。ヴェズの漁師とて、村じゅうの人たちと仲よくしていわるけではない。ただ彼らは、仲の悪い人も含めて、村人全員となんらかの関わりをもちながら、村を把握している。フィールド人類学者がめざすのもそこだ。ひとりの人だけから話を聞いたのでは、村のことは理解できない。耳から話を聞くだけでなく、身をもって体験することが、理解には必要だ。

なま身の体を備えていれば、そこにいるだけで、他者との交渉が開かれる。「身をもって」なにかを知ろうとするフィールド人類学者は、積極的にこのことを利用する。対象と距離を置いた観察ももちろん重要だが、それと同時に、観察してもらうことにも意識的であったほうがよい。

不快から理解へ

身をさらした結果、不愉快な思いをすることは少なからずある。ここでは、ある種の不愉快な体験を考えぬき、理解に到達した例を、ここでひとつ示してみよう。それは、ヴェズの人たちの執拗な「ねだり」だ。なにをねだるかというと、まず、金をせがむ。予備調査での最初の滞在時期がクリスマス前後だったことも、贈りものをねだられた理由のひとつだろう。しかし、まだ名まえもよく知らない人から金をねだられ、むこうからはなにもくれようとしないのには閉口した。

クリスマス・プレゼント以外では、「お茶を飲む金をくれ」「タバコ代をくれ」というのが常套のねだり文句だ。ひとりやふたりなら我慢できないこともないが、あたらしく知りあった人たちから、次々にお金をねだられる。金額的にはたいしたことはなく、少額紙幣くらいなのだが、銀行で換金した紙幣のほとんどは多額のものだ。気前よくあげていれば、少額紙幣はすぐに尽きてしまい、こんどは多額紙幣をあげることになる。そんなことをしていたら、たちまち噂になって、よけいに事態が深刻になるのは明らかだろう。

せがまれるのは、金だけではない。薬をくれといってはせがまれ、写真を撮ってくれといってはせがまれる。薬品は、村で入手できる量がかぎられるので、できるだけ分けてあげようとした。しかし、わたしが持ってきた薬品だってかぎられている。自分が病気になったとき、持参した薬品が底をついていたのでは、かさばる薬品を持ちこむ苦労の意味がない。

この問題は、二度めの渡航の本調査の段階で、あるていど解決した。ムルンベの町で、安価な医薬品が手に入ることがわかったのだ。薬事法の考えかたが日本と違うためだろう、よろず屋のような商店で、化粧品などと一緒に薬品が売られている。これを買っておけば、わたし自身に薬の知識がなくとも、周囲の人たちの考えも聞きながら、当面に必要な薬を分けることができる。

写真を撮るのは、薬とちがってタダだから、もっと気前よくやってあげられそうに思うかもしれない。じっさい、わたしもそう思って、村人の顔と名まえを覚えるため、最初は積極的に写真を撮ってあげていた。しかし、調査と直接関係ないこのような人物写真は、二回の予備調査をおこなったわずか一ヶ月のあいだに、一四〇枚にものぼった。現像代とプリント代だけでもばかにならない。ひとりにつき一ショットだけと決めてしまいたかったが、それを毅然と伝えるほど、ことばはまだ上達していなかった。

郵便はがき

(料金受取人払郵便)

左京局承認

6005

差出有効期間
平成28年3月
31日まで
(切手不要)

606-8790

(受取人)

京都市左京区局区内
田中下柳町八番地

株式会社 臨川書店
愛読者係 ゆき

6068790 10

ご住所 (〒 ―)

TEL FAX e-mail

ご氏名《フリガナ》 (歳)

勤務先

ご専攻 御所属学会名

※お客様よりご提供いただいた上記の個人情報は法に基いて適切に取り扱い、小社の出版・古書情報のご案内に使用させていただきます。お問い合わせは臨川書店個人情報係(075-721-7111)まで

愛読者カード

平成　　年　　月　　日

ご購読ありがとうございました。小社では、常に皆様の声を反映した出版を目指しております。お手数ですが、記入欄にお書き込みの上ご投函下さい。今後の出版活動の貴重な資料として活用させていただきます。なお、お客様よりご提供いただいた個人情報は法に基いて適切に取扱い、小社の出版・古書情報のご案内に使用させていただきます。

書　　名

お買上げ書店名　　　　　　市 区
町 村

本書お買上げの動機

1．書店で本書をみて
2．新聞広告をみて（　　　　新聞）
3．雑誌広告をみて（　　　　）
4．書評を読んで
5．出版目録・内容見本をみて
6．ダイレクトメール
7．その他（　　　　）

本書のご感想

新刊・復刊などご希望の出版企画がありましたら、お教え下さい。

ご入用の目録・内容見本などがありましたら、お書き下さい。
早速お送り致します。

□小社出版図書目録　□内容見本（分野：　　　　）
□和古書目録（分野：　　　　）　□洋古書目録（分野：　　　　）
□送付不要

ありがとうございました

そのためもあるのだろう。場合によっては、一ショット撮りおえると、着替えてくるから待っていろと言われる。これは未婚の女性に多い。それで二ショットめを撮りおえると、こんどは誰々と一緒にツーショットをとか、次は椅子に腰かけたポーズでとか、こちらのフィルム枚数をはばからず、際限がない。おまけに、自分が入ったショットは、すべてプリントしてもらえると思いこんでいる。ひとりが撮影を始めると、次から次へと被写体が現れ、なかなか解放してもらえない。炎天下の撮影が長時間にわたったので、肉体的にも精神的にも、かなりのストレスを受けた。

なんでもいいから持ちものをくれ、という要求もあった。とくに、腕時計はめずらしかったらしい。たいていのものは、これから自分にも必要なので、そのように伝えて断った。しかし、次々と別のものを要求され、そのたびに否定的な答えをしていると、なぜもっと正当な要求をしてくれないのか、なんのためにこんな欲どうしい相手と話しているのか、うらめしい気持ちになる。もっと実りをもたらしてくれる話し相手が欲しい、そう思って、しばしば悲しくなった。

本調査になってダンテシと一緒に暮らしはじめてからも、最初はいろいろな人たちがやって来て、右に述べたのと同じような要求をおこなった。しかしダンテシは、さまざまな要求をいくつかに分類し、適切にさばいた。薬品は、町で購入したものをできるだけ与えるようにする。わたしが日本から持ってきた薬は極力与えず、町で買った薬がなくなったら「薬はもうない」と伝えるようにした。相手がそれ以上しつこくねだることは、ほとんどなかった。

写真については、マダガスカルで現像する手段がないと説明して、日本に帰国する直前まで撮るのを待ってもらうことにした。じっさいには町の現像屋さんでも現像できたと思うが、仕上がりは日本のほうがよかったし、大量の写真を現像するには日数がかかるはずだった。それを待って何日も長期滞在するほど、わたしは町に用事がなかった。

まれに、遠方から親戚や知人が来たので、今すぐに写真を撮ってほしいという要求もあった。このときは、ファシラヴァ村民から直接に紹介を受けたときだけ、また、わたしの仕事にさしつかえない範囲で、撮ってあげることにした。

金銭の問題は、村での滞在が長びくにつれ、意外な方向に変化した。次第にねだられなくなっていったのだ。とくに、少額紙幣の要求が目にみえて減っていった。なぜかというと、「金をくれ」という要求は、多くのファシラヴァ村民にとって、友人関係を築く口実にすぎなかったからだ。

村に長く住んでいると、住民たちのあいだには、いろいろなきっかけで貸し借り関係ができてくる。外国人のわたしも例外でなかった。頭痛や腹痛の人たちに薬を分けてあげたし、すり傷や切り傷の消毒もしてあげた。このことによって、わたしは自分で気づかないうちに、村人たちに貸しを作っていたようだ。ある日、漁から帰ったばかりの漁師から魚を買おうとすると、お代は受けとらないと言われた。

「タクはいつも、おれや子どもたちに薬をくれるだろ。そのときに金を受けとったりしないだろ。それなのに、おまえが魚をほしいときおれが金を受けとったら、おかしいだろ。」

隣人としての関係ができれば、もののやりとりが一方的ではおかしい。それが、この漁師の主張だ。文化人類学では、このように魚と薬が相互にやりとりされる関係を互酬的関係と呼ぶ。ものと金銭が交換されるような関係は、互酬的とはいわない。なぜなら、金銭がともなう交換では、一回きりの等価交換で双方が納得してしまうからだ。魚と薬の交換のように、どちらが得をしたのかはっきりわからない場合は、互いが負債意識を持っていて、長期にわたってもののやりとりが継続される。漁師は、そのような交換が自然だと主張したのだ。

もちろん、すべての漁師がわたしと互酬的な関係を持とうとしたわけではない。漁師にとって、魚は現金収入源だから、現金で売買すべきだと考えても不思議ではない。互酬的関係と売買関係の中間をとって、気が向いたときだけ魚をくれる漁師もいた。だが、いずれにせよ、理由もなく金銭をねだられることは減っていった。わたしは薬を与えるほかにも、ほかの村人が持たないよく切れるナイフやはさみ、水漏れのない水中マスク、ヘッドライトなどを、村人たちに貸すようになっていた。ものをやりとりする回路がいくつかできてくるなかで、金銭をねだって関係を築こうという動機が薄れていったのだ。

例外は、未婚の母や未亡人、そして独居老人たちだ。彼らに共通するのは、自力で生計を立てるのが難しいことだ。こうした人たちは、親しくなっても金銭をねだることがある。しかし、毎回ねだるのではなく、何度かに一度会ったときにねだることが多かった。とくに老人の場合、わたしだけに金銭をねだるわけではなく、隣人たちにも同様に要求をしていることがわかってきた。彼らは、生活に困窮しているからこそねだるのだ。

未婚の母や未亡人の場合は、困窮のはてに金銭をねだるというのは不正確で、しばしばからかいが交じっている。マダガスカルの村落部では、将来の働き手が冷遇されることはほとんどなく、身寄りのない子ややもめは、遠縁でも親戚が援助するのがふつうである。彼女らはどうやら、金をねだるというかたちで男性と親しくなり、持続的な関係にまで持ちこむことを期待しているようだ。実際のところ、若い女が男に金をせびり、まんざらでもなさそうに男がそれを拒みながら、明らかにじゃれ合っているような場面を、町なかでしばしば目撃した。また、わたしにしつこく金銭をねだっていた女性が、結婚したとたんにおとなしくなった例もある。こうした若い女性に対しては、すなおに金銭を渡すより、しばしば、軽い冗談で受け流すほうが喜ばれる。

なんだか、にわか色男の自慢話のようになってきた。要するに、金銭にせよ物品にせよ、ヴェズの人たちがせびるのは悪意によるのではない。関係をとり持つきっかけにしようとしているのだ。わたしの印象によると、マダガスカルでは南部の人たちにこうした期待が強く、中央高地部などではこれを無作法と考える傾向にある。どちらがよいというわけではない。ただ、相手が関心を示しているのに、怒ってしまうのは損である。そのことに気づいたとき、村人とのやりとりにつきまとっていた「不快」は一気に解消し、ヴェズの人たちへの「理解」に結びついた。

個人名を聞きとる

最初の食事調査では、ダンテシの協力があったため、村の人たちの食事をもれなく聞きとることができた。村の主だった人たち、少なくとも成人を、ダンテシがすべて識別していたからこそできたことだった。しかし今後は、彼に頼らず、自分で村の人たちの顔と名まえを覚えていかなければならない。さもなければ、村の人たちから聞いた話を解釈することもおぼつかない。

村の人たちを覚える作業は、最初の渡航の予備調査のときから始めていた。最初は慣れないので、名まえをいくら聞いても忘れてしまう。初期のノートには、わたしが勝手につけたあだ名で、人びとが名指されていた。ゴリラ、きよし、エッチひげ、などなど。「きよし」というのは、漫才師のビートきよしに髪型が似ていたためにつけた名だったと思う。

とはいえ、自分だけに通用するあだ名が役にたつのは、最初のうちだけだ。その場にいない人のことを話題にできないし、人の話を聞いても誰のことを言っているのか理解できないからだ。隣人の名まえを覚えることは、村人の話やその文脈を理解するための基礎作業にほかならない。村人の名まえを記憶することで、わたしたちの頭と耳は「村仕様」になる。名まえを記憶する作業は、人びとの会話を理解するための「身体のチューンナップ」とでも言えようか。このあたりの事情は、動物行動学者が勝手な名まえを観察対象に与えるのと異なる。

そこでわたしは、ふたつの方法で、村人の本名を集めていった。ひとつは、前項で述べたことだが、写真を撮るときに名まえを聞くという方法だ。この方法をとれば、日本に帰ってからでも容易に顔を思いだせるので便利だ。必要ならば、名まえと顔写真を一枚のカードにプロファイルして、調査カードを作ることもできる。

ただしこの方法では、先に述べたように、相手のペースにえんえんつき合いながら写真を撮っていかなければならず、少なからぬ疲労をともなう。そこでもうひとつの方法として、適当な人をつかまえ、兄弟姉妹や子どもの名を順に列挙してもらい、記録することもおこなった。

この方法のよいところは、親子関係などの血縁関係がはっきりわかり、上手に聞けばだいたいの年齢も推定できることだ。そのためには、順番をまちがえずに長子から末子へと列挙してもらわなければならない。本調査のときには、「タラヌル」という語を使うことで、要領よく出生順を聞きとれるようになった。「タラヌル」とは、長兄や長姉、長子をあらわす親族語彙で、標準マダガスカル語では使われず、南西部方言に特有な表現だ。「タラヌルは誰?」という問いから始めて、「その次の子は?」「その次の子は?」と尋ねていけば、お互いにまちがえることはほとんどない。

親子兄弟の関係がわかると、写真21に示すような系図ができる。また、写真22に示すように、系譜関係をふまえた個人名リストもできる。これは、個人ごとの聞き取り内容を整理するうえでも利用できる。予備調査の後半になってから、わたしは未完成のリストを利用して、大潮の日に誰がどんな漁をおこなっていたかを記録してみた。まだ完全なリストではなかったし、一日だけ聞きとったところで大きな発見があるわけでもなかったが、本調査ではいろいろな角度から活用できそうだった。

さらに、系図を見ながら話していくうち、さまざまな親族語彙も理解できるようになってきた。両親や祖父母、兄弟など血族に関する語彙は、ヴェズ方言を習いはじめたときにだいたい覚えた。

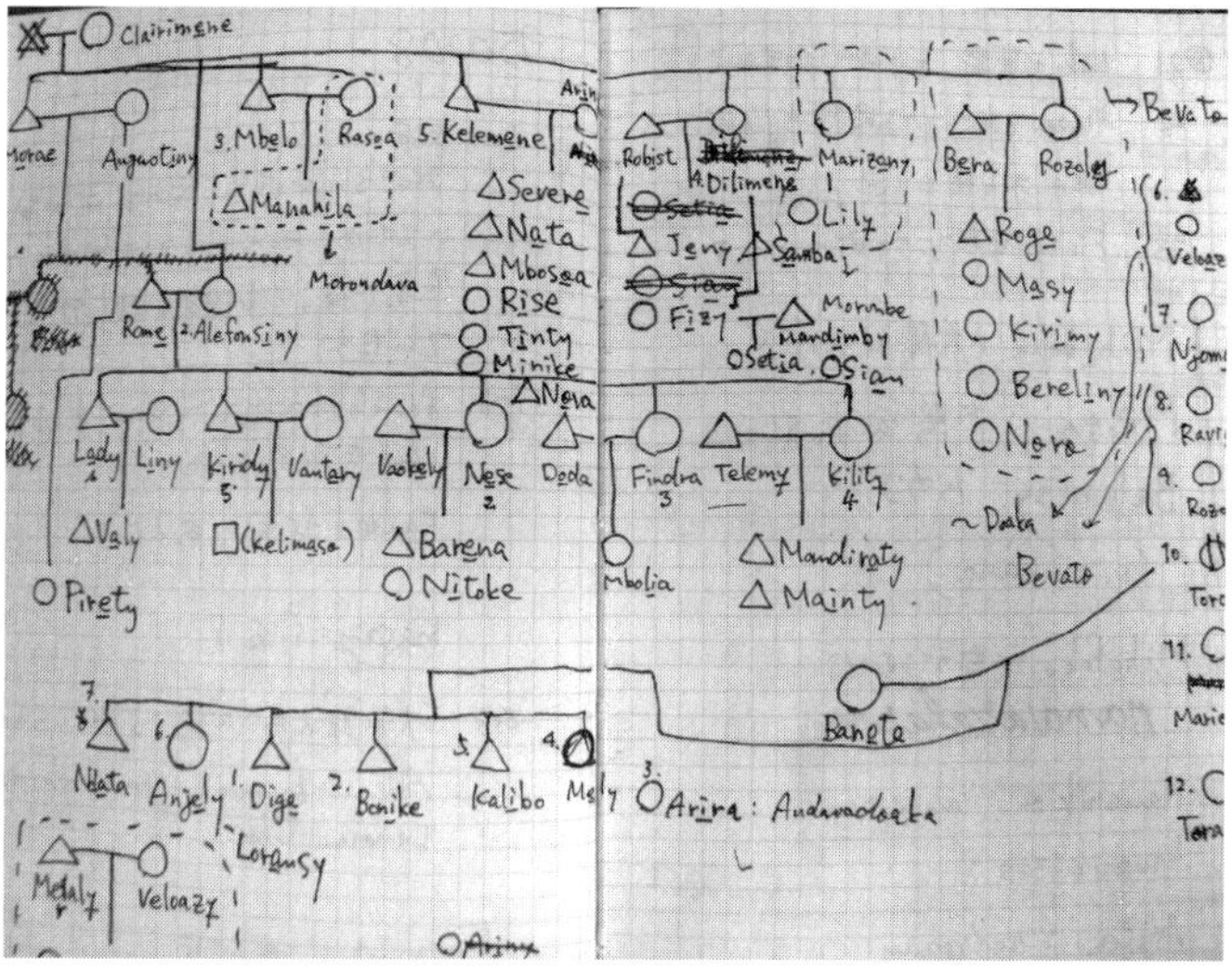

写真21　親子関係や兄弟関係を尋ねながら作った系図。男性を△、女性を○であらわす。個人名のほか、何番めの子どもか、いまどこに住んでいるかなどについての補足的な書きこみもある。

しかし、舅や姑、兄嫁や姉婿といった姻族に関する語彙は、教科書にも載っておらず、系図を見ながら話してはじめて覚えるようになった。

　このように、系譜を確認しながら名まえを聞きとる調査は、多くの成果をもたらした。しかし、落とし穴もあった。とくに最初の訪問時には、嘘の名まえを教えられることがあるのだ。嘘というほどでなくとも、ごく近い親族にしかわからない身分証明書記載の名まえを教えられたり、遊びでヨーロッパ風に変えた名まえを教えられたりして、他の人に言っても理解してもらえない場合があった。

　なぜ、嘘の名まえを教えられたのか。ひとつには、警戒心がはたらいたのだろう。村人全員の名まえを聞きとっていく

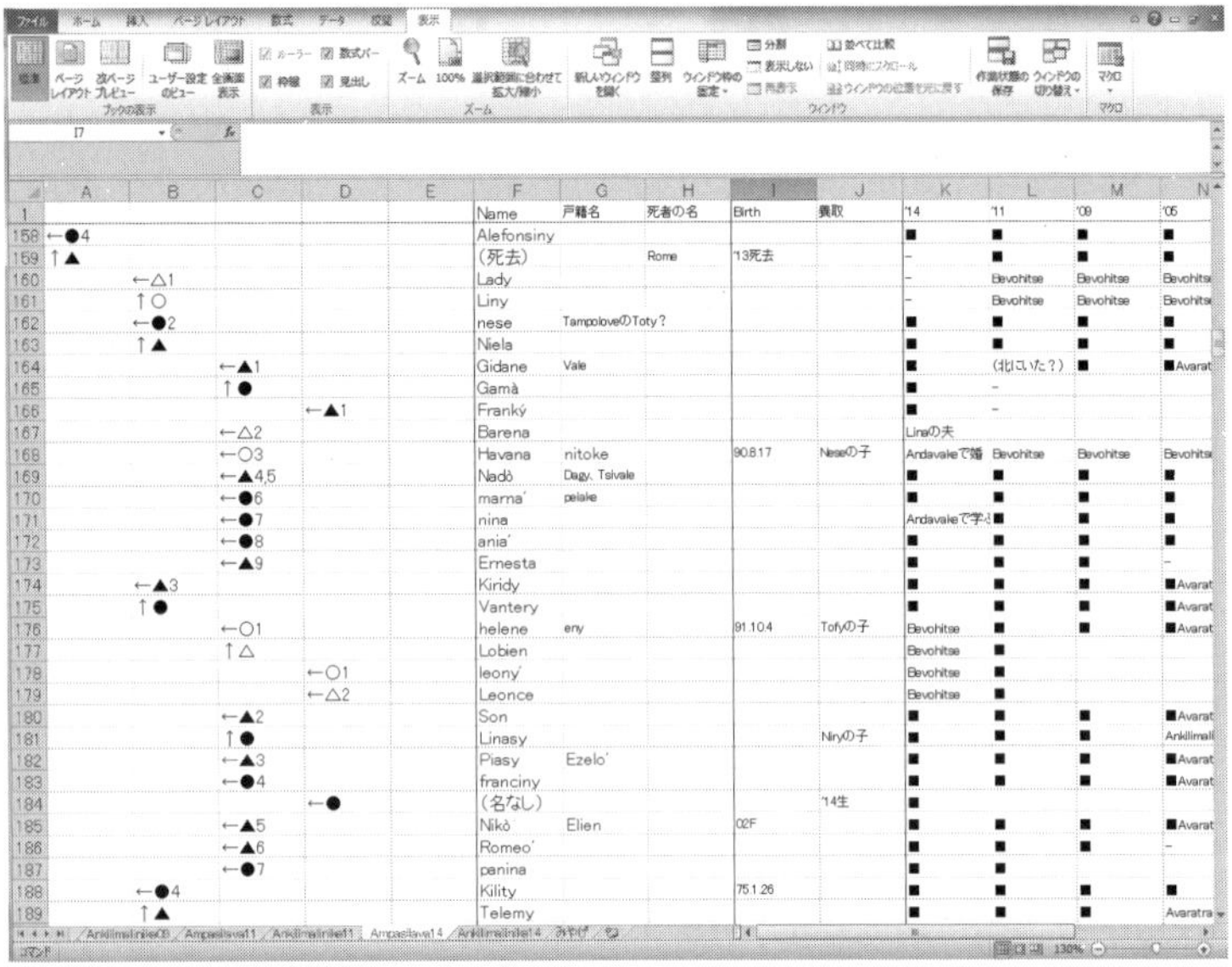

	A	B	C	D	E	F	G	H	I	J	K	L	M	N
1						Name	戸籍名	死者の名	Birth	養取	'14	'11	'09	'05
158	←●4					Alefonsiny					■	■	■	■
159	↑▲					(死去)		Rome	'13死去		–	■	■	■
160		←△1				Lady					–	Bevohitse	Bevohitse	Bevohits
161		↑○				Liny					–	Bevohitse	Bevohitse	Bevohits
162		←●2				nese	TampoloveのToty?				■	■	■	■
163		↑▲				Niela					■	■	■	■
164			←▲1			Gidane	Vale				■	(北にいた?)	■	■Avarat
165			↑●			Gamà					■	–		
166				←▲1		Franký					■	–		
167			←△2			Barena					Linaの夫			
168			←○3			Havana	nitoke		90.8.17	Neseの子	Andavaleで婚	Bevohitse	Bevohitse	Bevohits
169			←▲4,5			Nadò	Dagy, Tsivale				■	■	■	■
170			←●6			marna'	pelake				■	■	■	■
171			←●7			nina					Andavaleで学ぶ	■	■	■
172			←●8			ania'					■	■	■	■
173			←▲9			Ernesta					■	■	■	–
174		←▲3				Kiridy					■	■	■	■Avarat
175		↑●				Vantery					■	■	■	■Avarat
176			←○1			helene	eny		91.10.4	Tofyの子	Bevohitse	■	■	■Avarat
177			↑△			Lobien					Bevohitse	■		
178				←○1		leony'					Bevohitse	■		
179				←△2		Leonce					Bevohitse	■		
180			←▲2			Son					■	■	■	■Avarat
181			↑●			Linasy				Niryの子	■	■	■	Ankilimali
182			←▲3			Piasy	Ezelo'				■	■	■	■Avarat
183			←●4			franciny					■	■	■	■Avarat
184				←●		(名なし)				'14生	■			
185			←▲5			Nikò	Elien		02F		■	■	■	■Avarat
186			←▲6			Romeo'					■	■	■	–
187			←●7			panina					■	■		
188		←●4				Kility			75.1.26		■	■	■	■
189		↑▲				Telemy					■	■	■	Avaratra

写真22　ファシラヴァ村に住む人の個人名リスト。上矢印は他の村からの婚入（移入）、左矢印はファシラヴァ村での出生を示す。1は長子、2は次子…というように、数字は出生順を、黒は村内に住む者、白は村外に住む者をあらわす。あるカップルが生んだ子らは、記号が書いてあるセルのすぐ右の列、すぐ下の段をみればわかる。村に調査に行くとき、村にいれば■印、いなければどこにいたかを聞きとったうえで、新しく増えた住人や亡くなった人の名を書きこみ、表計算ソフトに入力する。

行為の裏には、なにかを管理しようとする気配が感じられる。じっさい、フィールド人類学者は、村人の素性を管理するためにこの作業をおこなうのだから、村人が警戒するのももっともなことだ。予備調査によって、村人との距離がぐっと縮まったようでも、まだまだ調子に乗ってはいけない。調査者は村人たちにとって、依然としてよそ者なのだ。

漁に同行する

予備調査のときにはスルフ先生の家に滞在したが、彼の家は村のはずれにあって、漁師が住むところから少し離れていた。漁師と関係を築きたいわたしとしては、積極的に彼らの家におもむかなければならなかった。しかし、特段に用事があるわけではないし、なにかが起こるまで待っているというのも不自然だ。また、わたしがなにをしにきたか、誰にでも納得できるような説明ができるほど、わたしのことばは上達していなかった。

それよりも、海に出て仕事の現場を見るのがよい、とわたしは考えた。このことは、本調査の段階でも重要になるはずだった。わたしのテーマは「人にとって海とはなにか」であるわけだし、海に出なければわたしの仕事も始まらない。ヴェズの漁撈がどんなものか、早いうちに見ておけば、そこから先の調査内容も絞りこめるように思った。

それに、ヴェズの漁についていくよそ者が、これまで大勢いたとは思えない。漁に頻繁について行き、漁師の仕事そのものにわたしの関心があると示しておけば、村じゅうの人たちに伝わるだろ

写真23　まき網漁のようす。発見した魚群を包囲するよう網を広げ、次第に囲いを小さくして袋網に追いこむ漁。魚群の素早い動きに対応できるよう、小回りの利く小さな漁船をよく使う。1996年2月撮影。

う。そうなれば、村人たちもわたしの滞在目的を納得し、後の仕事がやりやすくなる。これは、「わが身をさらす」ことの応用だ。直接に見られやすい場所に身を置くわけではないが、ちょっと変わったことをして積極的に話題を提供し、そのことをつうじて滞在目的を理解してもらうのだ。一軒一軒を訪問して滞在目的を説明するより、漁についていくほうが簡単で効果的なはずだった。

しかし問題もあった。ヴェズの漁船は大きくないので、わたしが乗ると狭くてじゃまになるという心配がある（写真23）。じっさいには心配したほどでなく、ファシラヴァ村に着いた翌々日、早くも釣り漁に連れていってもらうことができた。予備調査時の最初の滞在では、十二日間のうち漁に連れていってもらった日が八日あり、二回めの滞在では、二十二日間のうち十一日連れていってもらった。この数字は、訪問目的をほとんど説明しきれていないよそ者としては、まずまずの成功を示していよう。二回めの滞在で漁に同行した割合が若干減っているのは、村内でいろいろな質問ができるようになったためだ。積極的に漁に出る作戦は、次第に効果をあらわしてきたといえる。

わたしが同行した漁は、いずれも未明から朝食後に始まり、出港から帰港までの時間は四時間ほどに収まることが多かった。短いときには、一時間あまりで終わってしまうこともあった。長時間の漁がないわけではなく、短時間の場合にかぎってのみ、わたしは誘ってもらえたのだろう。

朝起きたばかりで朝食もとらずに海に出て、寝ぼけていたり空腹だったりで困らなかったのだろうか。当時のノートを読みかえしてみたが、それらしいことは書かれていない。わたしの記憶では、朝の仕事よりも、昼間に強い陽射しのもとで立っていることのほうがつらかった。夜明けの海の上で潮風にあたるのは、むしろ心地よかったという印象がある。

船酔いも問題なかった。わたしは幼い頃から乗り物が苦手で、長距離バスなどではかならず食べたものを吐いたものだが、ヴェズの漁ではそんなことはなかった。たいていの場合、漁場がサンゴ礁の内側にあり、波がおだやかだったためだ。例外として、サメを狙った網漁では、サンゴ礁の外側に出て高波のなかで網を探すことがあったが、長時間にわたることは少なく、軽い目まいていどで済んでいた。

ちなみにわたしは、マダガスカルでの調査の後、インド太平洋の各地で漁船に乗せてもらい、いく度となくこの種の調査をすることになる。そうした経験のなかでは、食べたものを漁船のなかで吐き、船主に迷惑をかけたこともある。だが、総じて、船には強くなっていった。心がけているのは、酔いそうになったらノートから目を離し、水平線を見ながら字を書くこと、胃を空にせず軽食を船中でもとること、気分が悪くなったら唾液を呑まずハンカチに吸わせること、などだ。南大東島では、ビルほども高いうねりのなかで長時間キハダマグロ漁を経験したが、なんとか吐かずに持ちこたえた。

話を戻そう。漁への同行調査では、いろいろな成果があがった。まず驚いたのは、いろいろな種類の魚が捕れることだ。熱帯海域の網漁では、緯度が高い海域に較べると、漁具や漁法による捕獲魚種のちがいはあまりない。同じような場所に同じようなサイズの魚が複数種棲んでいて、それらがまとめて水揚げされることが多いからだ。一回の漁で何十種もの魚が揚がるから、名まえを聞きながら必要に応じてスケッチし、魚名を覚えるトレーニングになった。

船の上では、少しでも仕事を手伝おうとしたが、あまり手伝わせてもらえなかった。船頭の指示を理解できなければ、漁具を扱うのはかえって迷惑なのだろう。わたしは、少し離れて漁の作業を見ながら、ノートをとったり写真を撮ったりして自由に仕事を進めた。水揚げのあったタイミングも、時計を見ながらひとつひとつ記録した。

何回か漁をくり返すうち、船に積んでいく漁具が違うと漁場も違うことがわかってきた。もっともユニークなのは、先に述べたように刺網を使ったサメ漁だ。これはサンゴ礁の外側に出て、もっとも沖合でおこなう。この辺りの陸地はなだらかなので、沖に出てしまえば場所を移動しても単調な陸上景観が見えるだけだが、漁師たちはこの陸上景観を手がかりに海上での位置特定をした。この能力は、ヴェズ漁師の技能のうちわたしがもっとも感心するもののひとつで、わたしはまだその初歩にも近づけずにいる。

わたしは、できるだけいろいろなタイプの漁に連れていってもらうよう、多くの漁師に頼みこんだ。いちばんよくつき合ってくれたのはヴィトルだ。本章の冒頭で紹介したように、彼は、本調査の直前にムルンダヴァの町におり、ファシラヴァ村で調査を続ける意思をふるい立たせてくれた。ヴィトルと何度も漁に出るうち、その他の漁師も、わたしを海に連れていってくれるようになった。一日ぐらいなら、と考えてのことだと思う。漁のあい間にいろいろな話をする漁師もいれば、わたしにまったくかまわず黙々と漁をする漁師もいた。わたしにとっては、どちらでもよかった。いろいろな漁師について行き、いろいろな漁法を見ることで、その後の調査のプランが少しずつ固まっていった。

第四章　村の暮らしが見えてきた――資料を集める

調査にもいろいろある。定量的なデータ収集は、住みこみ調査を始める前にあるていど計画しておかなくてはならない。しかし、調査はそれだけではない。事前に予定したものだけでなく、臨機応変に調査範囲を広げていく必要がある。わたしは、実施すべき調査プログラムを事前に列挙したさい、ノートの片隅に次のように記した。「計画し、実行せよ。しかし、計画外のことも実行せよ。」現地に身を置いて理解したことがらを深めるため、さらにあらたな計画が実行されていく。このような展開こそ、フィールド調査の醍醐味といえる。

生活の準備

本調査に向けた村入りのめどが立ち、最初の食事調査を終えてから、わたしとダンテシはムルンベに行き、あたらしい生活の準備を整えた。まず銀行に行って、当面に必要な現金（トラベラーズチェック）を両替した。また、皿やコップ、バケツ、包丁、鏡、ほうきなどの日用雑貨類を買いそろえた。消耗品としては、各種の食材のほかに、石鹸、粉洗剤、蚊取り線香、灯油などを買った。家は賃借するが、料理や洗濯などは自分たちでやる、というのがわたしとダンテシの基本方針だった。こうした家事仕事は、原則として村の女たちのやりかたを真似ることになるが、少し違うところもある。女たちは、男たちが持ちかえる魚をさばいてそのままおかずにするが、われわれのところには誰も魚を持ってきてくれない。誰かが海から帰ってくるのを待ちかまえて、魚をもらうなり買うなりしなければならなかった。

買った魚は、魚汁にするか油で焼くか、油と玉ねぎ、トマトで風味をつけたスープ（ヴェズ方言で「カリ」と呼ぶ）にする。これを、白飯と一緒に食べるのだ。白飯を炊くのは、野営経験でお手のものだった。トウモロコシやキャッサバは、炊けるのに時間がかかるのでほとんど調理しなかった。毎日白飯を食っていると村人に言うと、「あんまりいいものばかり食ってると太るぞ」とからかわれた。ダンテシは実際に、目に見えて太っていった。

食事のとき、テーブルはいらない（写真24）。ヴェズの人たちは、座っているのと同じござの上に皿を置き、そこからスプーンで食べものをすくって、はるばる口まで運ぶ。皿を手で持つことは、不作法というほどではないものの、少なからずいぶかしがられる。慣れるとたいしたことはないが、スプーンの往復距離が長いのでこぼしやすく、注意が必要だ。もっとも、少々ならこぼしたってかまわない。食事の後には、家主の女性が食べこぼしを掃きだすのが習慣だ。わたしとダンテシも、食事の後には簡単な掃除をした。

洗濯と入浴は、村はずれの井戸の周りでおこなう。午前中には、女たちがここでおしゃべりしながら洗濯し、ときに水浴びをついでに済ませ、午後には男女ともここで水浴びをする。午後は男性

写真24　ヴェズの家庭の食事のようす。分けあって食べるための大きな皿は、座るのと同じ高さに置く。このときは家族全員が同じ皿を分けあったが、家族が大きいとき、年長の男と年長の女、子どもたちはそれぞれ別々に大きな皿を囲む。1998年１月撮影。

のほうが心もち多いかもしれない。雨季の朝夕には蚊が多いので、この時間帯に水浴びする人はまずない。水浴び場は井戸から茂みで隔てられており、男用の場所と女用の場所が使いわけられている。初めて来た者は、どこに行けばよいかを訊くのが礼儀だ。

トイレは、村から離れた茂みでおこなう。ここはまだ人口が多くないので、トイレの場所を探して苦労することはない。紫外線が強いためか分解が早く、数日前の作品は干物のようになっており、さらに数日経つともはや原型がわからない。このため意外に清潔だが、風の強い日や雨の日、蚊が多い日などに用を足すのはやはりつらい。また、当時はトイレットペーパーの質が悪く、大きな町でもわら半紙のような紙を使っていた。わたしはこれを使うのが嫌いで、かといって多くの村人のように道々で小枝を拾って済ませるのも嫌いだった。それで、専用のコップに水を入れ、用便後に水洗していたところ、そんな汚いものを持ちあるくなとダンテシに苦言された。ダンテシは、船大工の作業場に転がっている木屑を愛用していた。船の材は、空気を含む層が多くて、スポンジのように軟らかい。だがわたしには、でこぼこした形状のものでうまくすくいとるという芸当はやはりできなかった。

定量的なデータ収集の意義

このように毎日の日課が決まってきたところで、わたしは、算段していた調査プログラムをどんどん実行していかなければならなかった。これらの調査プログラムの多くは、定量的なデータを得るためのものだ。

文化人類学者は、どちらかといえば定性的なデータを好む傾向にあり、生態人類学者は反対に、どちらかといえば定量的なデータを好む傾向にある。ただ、こうした区別は、あくまで相対的なものだ。わたしは生態人類学の分野でトレーニングを受けたので、数値化したデータにそれほど抵抗がなかった。なるほど、定量的なデータを過信してしまうと、外見的なことがらだけで人びとの暮らしを判断してしまい、人びと自身の「ものの見かた」を軽視してしまうという陥穽におちいりやすい。しかし、人びとの暮らしに馴染みはじめた初期には、とりあえず目に見えやすいことがらを

表2　本調査の1年間で実施した定量的データの収集と長期旅行

期間	調査内容	定量調査	ページ
1995年11月10日～25日	漁船出入りの調査	○	128
1996年1月2日～14日	キリマリニカ村で活動内容（タイムアロケーション）調査	○	133
1月15日～27日	ファシラヴァ村で活動内容（タイムアロケーション）調査	○	134
4月3日～5月1日	病気（マラリア）のためアンタナナリヴで療養		189
5月3日～16日	内陸へ旅行（乾季落葉林地帯）		—
6月1日～22日	ファシラヴァ村の2つの世帯で漁獲調査	○	141
6月25日～7月7日	キリマリニカ村の1つの世帯で漁獲調査（隔日）	○	—
7月8日～30日	内陸へ旅行（有棘林地帯）		—
8月1日～13日	ファシラヴァ村で活動内容（タイムアロケーション）調査と出漁聞き込み調査	○	134,136
8月16日～29日	キリマリニカ村で活動内容（タイムアロケーション）調査と出漁聞き込み調査	○	134,136
1998年1月10日～2月8日	ファシラヴァ村の2つの世帯で漁獲調査（一部、出漁聞き込み調査も同時に実施）	○	136,141

観察して、さまざまな問題発見の糸口とすることも重要だ。定性的データは記述のために、定量的データは問題発見のために使うのがよいかもしれない。いずれにせよ、それぞれの長短をうまく理解したうえで、バランスよく使っていかなければならない。

表2に示したのは、本調査期間中におこなった、定量的データを収集するための調査プログラムだ。これをみると、いかに定量的データの収集に熱中していたかがわかる。本調査でのファシラヴァ村滞在は、一九九五年十月二十六日から一九九六

年十月三日まで、三四四日間にわたる。しかしその間、六十六日は、他の地方への視察や病気療養などのため、村を離れていた。残る二七八日のうち、三割以上にあたる一〇四日間、わたしはなんらかのかたちで定量的データを集めていた（一九九八年の補足調査でおこなったデータ収集は、日数から除外している）。

次の項では、漁船出入りの調査について述べ、続く二つの項で、タイム・アロケーション調査と漁獲調査についてそれぞれ述べよう。

漁船の出入りを観察する

漁船の出入りは、海岸線を見晴らす小高い丘から観察した。調査期間中、わたしは朝四時半に起床し、五時には観察地点に待機してから、午後六時をすぎて船の出入りがなさそうだと確認するまで、じっと海を見ていた。そして、ほぼ一時間ごとに風速や風向きを測定しながら、誰の船が何時何分に浜辺を離れ、何時何分に帰ってきたかを記録した。昼食は、船の出入りのなさそうな時間帯をねらって、大急ぎでとった。これを十四日間続けた（表2では、予備調査日を含む十六日間）。

十四日間続けた理由は、大潮から次の大潮まで（または小潮から次の小潮まで）をほぼカバーできるからだ。よく知られているとおり、旧暦の一ヶ月は二九・五日。つまり、新月から次の新月までに二九・五日の期間がある。この間、大潮は、新月を少し過ぎたあたりと満月を少し過ぎたあたりの二回起こる。だから、旧暦のひと月の半分、十四〜十五日間をサイクルとして観察すれば、潮に応じた漁師の生活の一サイクルを見られることになる。こうしたわけで、わたしの定量的データ収集は、十四日間をひとつのセットとしておこなうことが多かった。

後でわかったことだが、夜の活動を見るのには、ひと月の半分でなく、やはりひと月を一サイクルとして見るのがよい。なぜなら、同じ大潮の夜でも、新月でまっ暗な夜と満月で明るい夜とでは、漁のようすがずいぶん違うからだ。ただし、暗いなかで船の出入りを遠くから観察するのはほぼ不可能だし、その他の観察もおおいに限定される。夜に定量的データを収集するのは、労多くして益少なしというのがわたしの印象だ。

十四日間のあいだ、昼食があわただしいのは我慢できたが、水浴びの時間が見つからないのには閉口した。日が暮れてからでも井戸で水浴びすればよいと思っていたが、調査をおこなった十一月、朝夕にはすでに蚊柱が立つようになっていて、薄明のなかで裸になると、容赦なく無数の蚊が攻撃してくる。けっきょくわたしは、半月ものあいだ、ほとんど入浴をせず、ダンテシが井戸から汲んできてくれたわずかな水で顔や手足を洗うだけで床に就くことになった。

この調査の成果のひとつは、漁の時間帯が潮に応じて決められると視覚的に示せたことだ。図6がそれを示したもので、大潮のときと小潮のときとで漁師の動きが異なることがわかる。

小潮のとき、漁師は朝に軽く食事をすませると、海へ漕ぎだす。起きだすのが明るくなってからだから、海に出ていくのはだいたい七時すぎ頃がピークだ。ただし漁は活発でなく、小潮をみはからって町に買いだしに出かける者も多い。

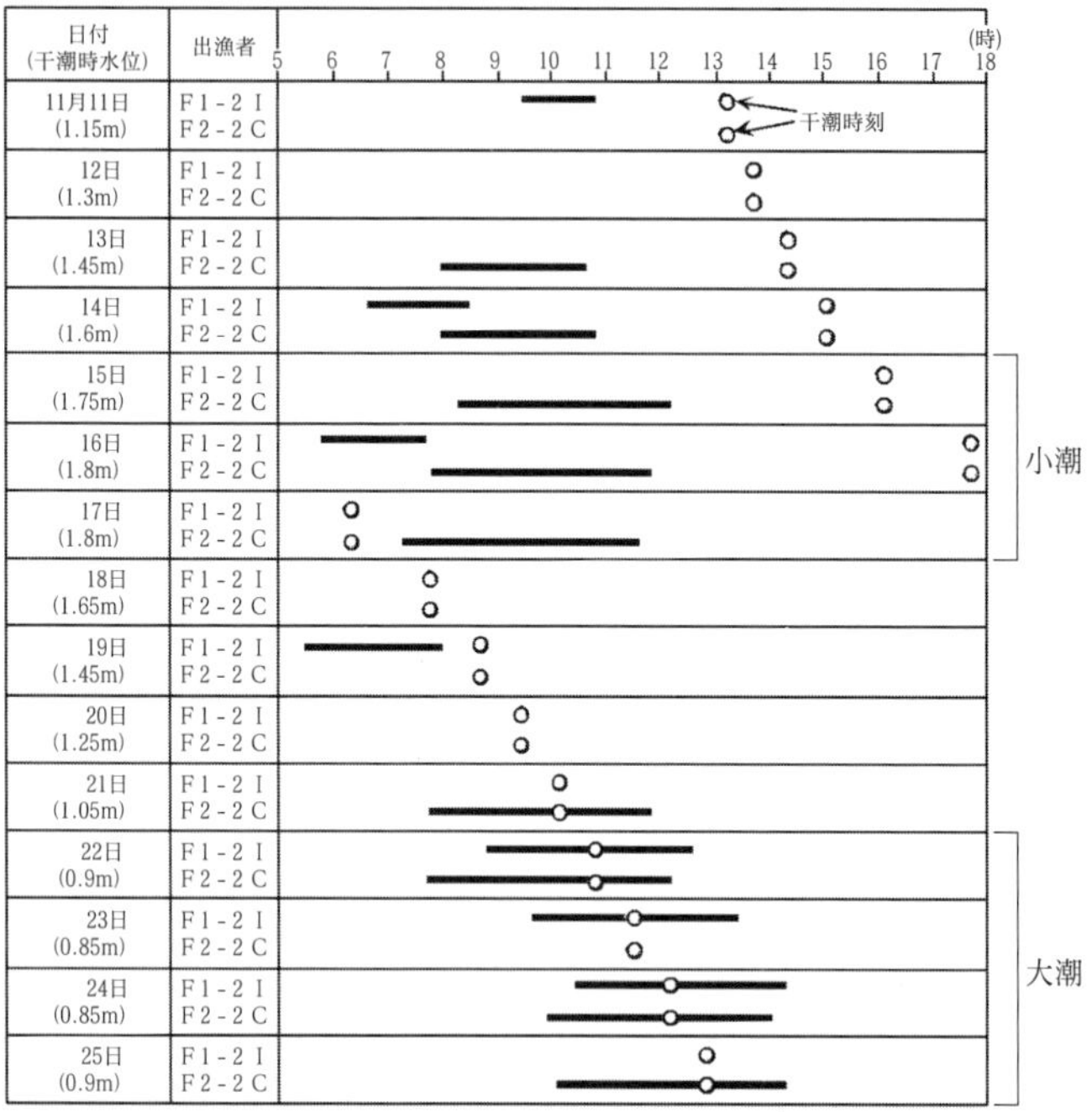

図6　出漁時間の日変化（1995年）

大潮が近くなり、一日のあいだで干満の差が大きくなると、漁師は干潮時をねらって漁をするようになる。これは、ふだん深い場所が浅くなり、往々にしてそこに魚が集中するので、漁をおこないやすくなるからだ。干潮時刻は、毎日約五十分ずつ遅れていくので、漁の時刻もそれにつれて遅く始まり、遅く終わるようになる。もっとも干満差が大きい日には、この地域の場合、だいたい午前十二時頃に干潮が訪れる（このほか、深夜にも干潮が一回ある）。干潮時刻が午後遅くになると、一日の干満差も小さくなっていくので、

写真25　漁船の出入りを観察するため、船着き場を見おろす砂丘に作った日よけ。子どもたちだけでなく、男たちも暇をつぶしにやってきた。「身をさらす」ことによって情報が得られることを示す好例だ。1995年11月撮影。

漁師はその時刻をねらうことはせず、朝起きてすぐ漁に出るという行動に戻っていく。

これがいわば、わたしの十四日間の努力の結果だ。こうした成果は、その後に出した論文にも盛りこんだが、わたしにとっては、実生活の面での収穫のほうが大きかったかもしれない。こうした漁のリズムがわかったことで、魚を買ったりもらったりするためには、どの時間に浜辺にいればよいかがわかったのだ。また、大潮で干潮時刻が遅いときには、おかずがないので昼食を遅らせなければならないこともわかった。ダンテシはもともと知っていたことだが、わたしがこうしたことを体感するうえで、海だけを日がな見つづけたことは無駄でなかった。

この調査には、もうひとつ余禄があった。多くの子どもやおとなたちが、わたしの観察ポイントを訪ねてきて、話をしていってくれたのだ。写真25で示したように、わたしは調査中、海岸を一望できるところに二本のポールを立て、それを支えとしてブルーシートの日よけを張って座った。なにしろ暑いところなので、日陰は居心地がよい。おまけに、日がな海を見つづけているわけだから、わたしが暇だろうと見てとった人は、遠慮なく話しかけに来る。そうした人たちから、あたらしいことばをたくさん学んだ。また、船の発着を記録するとき、顔と名まえが一致しなかった漁師については、名まえを教えてもらうことができた。

それから、この調査期間中に、ヴェズの男が風と帆の関係をつねに観察していることがよくわかった。写真で示したように、ブルーシートの四隅のうち、二つは地面に固定して、残る二つはポールで支えられている。ポールが重みで倒れようとする向きと、ブルーシートの張力の向きが反対なので、両者がバランスをとってポールが倒れないのだ。朝は、風が少ないのでこれでよい。しかし、太陽が高くのぼって地面が温まると、次第に風が出てきて、午後には強くなってくる。太陽も移動するから、日よけの向きを変えなければならない。こうした状況では、日よけのむきを変えようとしたとき、ポールをどのように立てればよいのか、わたしはかいもくわからなくなる。一時的にうまく立ったとしても、昼寝をしているあいだにポールが倒れて、しばしばブルーシートの下敷きになってしまう。

わたしがポールの立てかたに苦心しているとき、ヴェズの男は手を貸してくれ、いとも簡単にブルーシートを安定させてくれる。しかも、太陽との位置関係は適切で、ちゃんと日よけの役目もはたすのだ。どうやら、つねに風向きを肌に感じながら、いろいろな方向に船を進めるにはどのように帆を張ればよいのか考えているらしい。ブルーシートの日よけは、その応用にすぎないのだ。漁船の出入りの調査は、そうした思わぬ発見ももたらしてくれた。

活動内容を観察する

一九九五年の大晦日は、とてもにぎやかだった。日が暮れる前から、めずらしく年長者たちが互いの家を訪問しあうのがみられた。なかには、明るいうちから酒を飲んで踊り、子どもたちから大笑いされた者もいた。ヴェズの村落部では、祭り以外の日に、こんなにもあからさまに人びとが酒を飲むのはめずらしい。

日が暮れてからは、わたしもつき合った。ふだんは、ひとつの核家族がひとつの家屋で夜をすごすが、その夜はみんな家から出てきて、昼間と同じように砂地の地面に陣取った。そして、ラジカセが賑やかな音楽を延々と奏で、おとなたちが交替で円陣のなかにとび出て、自慢の踊りを披露した。もちろん、みんなアルコールが入っている。夜半に月が出て明るくなり、場はますます熱気を帯びた。気がつくと十二時を回っていたが、誰も気にかけず歌い踊りつづけた。わたしは、いちど酔いつぶれてから、明けがたに復活した。

夜が白みはじめる頃、ようやく年が明けたということになって、めいめい年始の挨拶を述べた。一九九六年の元旦だ。音楽がやんでから、わたしはあらためて家に帰って、休んだ。ただ、後で聞くと、多くの女たちが朝から水汲みに出かけ、多くの男たちが漁に出たそうだ。そうは言っても、この日は、みんな静かに祭りを楽しんでいたようだ。わたしはといえば、たくさんスナップ写真を撮らされた。

一月二日、わたしとダンテシは、キリマリニカ村に行った。それから二週間にわたって、キリマリニカ村でタイム・アロケーション調査をおこない、それに続く二週間には、ファシラヴァ村で同じ調査をおこなう予定にしていた。

タイム・アロケーション調査とは、一日のうちのさまざまな時間帯を、人びとがどのような活動に割りあてているかを観察する調査だ。調査は、毎日一時間ずつおこなう。午前六時から午後七時までの十三時間を一時間ずつに区切り、それぞれの時間帯を十三日のあいだに一回ずつ調べるようなプログラムを作る。ただし、今日は六時、明日は七時、明後日は八時、というように順を追ってやるのではなく、できるだけランダムに調査時間帯が並ぶよう、プログラムを作るのがよい。さもないと、潮位が似た時間帯にだけ調査することになってしまうからだ。そのプログラムに従って、一時間のあいだに村じゅうをくまなく歩き回り、目につく人が何をしているか、片っぱしから記録する。見つからない人については、近い身内を捕まえて、どこで何をしているかを尋ねる。こうした作業を、毎日連続して、違う時間におこなうのだ。

タイム・アロケーション調査も、十三日でなく十四日を単位としたかった。先に述べたように、十四日だと、潮汐がひと巡りする期間に近いからだ。しかし、タイム・アロケーション調査では、ひとつの時間帯だけ重複して二回おこなうわけにいかなかったし、午前六時以前や午後七時以降の時間帯を増やそうとしても、暗くて観察できなかった。十三時間を十四で割るというのも、混乱を招くもとだった。やむをえず、十三日でも十四日に近いものとみなして、調査を計画したわけだ。

調査は、雨季（一月）に二つの村で一回ずつおこない、乾季（八月）にも一回ずつおこなった。その結果、雨季と乾季をつうじて、二つの村のあいだで活動が大きく異なることがわかった（飯田一九九七）。以下で分析対象になっているのは、それぞれの村の既婚男性で、ファシラヴァ村では三十二名、キリマリニカ村では三十名にのぼる。

漁撈をおこなうことの多いファシラヴァ村では、雨季に六二・三パーセント、乾季に五三・四パーセント、いずれも半数を超える割合で、人びとは村のなかですごしていた。これに対して、農耕をおこなうことの多いキリマリニカ村では、その割合が雨季に二四・四パーセント、乾季に二五・六パーセントと少ない。では、キリマリニカ村の人たちは、調査をおこなっていたときにどこにいたかというと、出作り小屋のある畑だ（写真26）。とくに、農繁期の雨季には五五・一パーセント、農閑期の乾季でも四〇・〇パーセントの時間を、彼らは畑ですごしていた。キリマリニカ村では、人びとは村に住んでいるものの、実際には村の周囲に分散して生活するといえる。こうした傾向は、女性でも同様だった。

ただし、ファシラヴァ村の人たちも、つねに村ですごしているわけではない。十三日の調査期間中、過半数の七日以上村を離れていた人は、調査対象者三十二名のうち、雨季に三名、乾季に八名

写真26　キリマリニカ村民が畑に建てた出作り小屋。農繁期には、日中のほとんどの時間をここで過ごし、収穫期には、実りが盗まれないようここで寝泊まりする。1998年１月撮影。

いた。乾季に数が増えたのは、気候が安定したために、遠方の好漁場でキャンプ生活をしながら魚を捕る人が増えるからだ。九月から十月にかけてはもっと増える。季節的に遠隔地でおこなう漁については、本章末尾で詳しく述べることにしよう。

雨季にはじめてタイム・アロケーション調査をおこなったときは、暑い日が多く、一日わずか一時間の調査でも精いっぱいだった。しかし乾季になると、調査に慣れたこともあって、タイム・アロケーションと並行して別の調査もおこなう余裕ができた。そこで、夕方にもう一度村を回って、タイム・アロケーションの調査対象者全員に対し、その日に海に行ったかどうか、行った場合にはどのような漁をしたか尋ねた。

その結果を示したのが表3である。調査し

表３　２つの村における出漁日数の比較（14日間、単位：％）

	男性		女性	
	ファシラヴァ村（23人）	キリマリニカ村（20人）	ファシラヴァ村（25人）	キリマリニカ村（17人）
０日	8.7	40	16	52.9
１～３日	34.8	45	24	29.4
４～６日	21.7	15	48	17.6
７日以上	34.8	-	12	-
合計	100	100	100	100
平均出漁日数	5日	1.5日	3.96日	1.24日
標準偏差	3.12日	1.83日	2.62日	1.63日

た十四日間のうち、半分にあたる七日以上漁に出た者は、ファシラヴァ村の男性では三四・八パーセント、女性でも一二パーセントいた。しかし、キリマリニカ村にはまったくいなかった。逆に、まったく漁に出なかった者は、ファシラヴァ村では男性が八・七パーセント、女性が一六パーセントだったのに対し、キリマリニカ村では男性が四〇パーセント、女性が五三パーセントと半数前後にのぼった。平均出漁日数をみても、ファシラヴァ村のほうが漁撈に力を入れていることがわかる。

とはいえ、内陸のキリマリニカ村で多少なりとも漁撈がおこなわれていることのほうが、読者には驚きだったかもしれない。キリマリニカ村は、海岸まで歩いて片道一時間の距離に位置する。このため、キリマリニカ村の人が漁撈をおこなううえでは、ファシラヴァ村の人よりも二時間を余分に費やさなくてはならない。こうした条件のものでは、大型の漁具で魚を捕ることは考えられないし、夜のあいだ安全に漁船を保管できるよう工夫するか、徒歩で漁に行かなければならない。キリマリニカ村の人びとがおこなう漁は、ほぼ次の三つにかぎられるといってよい。

一　サンゴ礁原での刺突漁（磯漁り、タコやナマコなど）

二　マングローブ林での刺突漁（ノコギリガザミやオニノツノガイなど）（写真27）

三　片手で運べるていどの小型漁網を用いた漁（浅瀬の魚類）

いっぽう、ファシラヴァ村では、漁の種類も豊富だ。表4は、乾季の出漁聞きこみ調査に加え、一九九八年雨季の補足調査時に聞きこんだ結果を合わせて示したものだ。これをみると、家事で忙しい女性だけでも、キリマリニカ村の人びとと同じくらいバリエーションの幅が広い。ファシラヴァ村の男性は、それに輪をかけて幅広く漁をおこなっている。

漁の種類は、大きく三つに分かれる。漁網に魚をかけたり

写真27　キリマリニカ村民がマングローブ林でおこなうマングローブガニ（ノコギリガザミ）漁。ヤスなどの刺突具で探索しながら、巨大な爪で挟まれないよう甲羅を持ちあげて捕まえる。爪はすぐさまもぎり取る。1996年6月撮影。

表4　ファシラヴァ村でおこなわれていた漁法（1994～96年）

漁の種類	細目	方法	頻度	従事者の性別	潮
網漁（*mihaza*）	① *manao harata talirano* （*mihaza*）	追い込み刺網	◎	男性のみ	
	② *manandrake harata*	置き刺網（浅瀬）	○	〃	大潮
	③ *manao drañòke*	置き刺網（沖合）	○	〃	小潮
	④ *manao harata be*	まき網	○	〃	大潮
	⑤ *manao jarifa*	サメ用刺網	△	〃	
	⑥ *mandaro*	魚毒漁	△	〃	
釣漁（*maminta*）	⑦ *maminta*	釣り	◎	男女両方	
	⑧ *maminta hale*	夜釣り	○	男性のみ	
刺突漁	⑨ *mañirike*	潜水漁	◎	〃	
	⑩ *mitinotino*	船上からの刺突漁	○	男女両方	大潮
	⑪ *mihaky*	磯漁り	◎	主に女性	〃
	⑫ *mila zanga hale*	夜のナマコ漁	○	男女両方	〃
	⑬ *mive famo*	ウミガメ漁	△	男性のみ	

◎：多い　○：ふつう　△：少ない

追いこんだりする網漁、釣糸と釣針で魚を釣りあげる釣漁、ヤスなどの刺突具で魚を突く刺突漁の三つだ。

網漁には、刺網とまき網がある。刺網は、魚が通りそうなところに長方形の網を張り、魚が網をくぐろうとしたときにひっかかるよう設置する。「追い込み刺網」は、網を張った後に水面を叩くなどして魚を脅す漁法で、網のほうに追いこんだらすぐに網を揚げる。

「置き刺網」は、網を張ったらひと晩放置する漁法で、漁獲は翌朝に得られる。浅瀬でおこなうものと沖合でおこなうものは、網の大きさも捕れる魚も異なる。

釣漁も、昼間の釣りと夜間の釣りでは、漁場や捕れる魚が異なる。昼間の「釣り」は、サンゴ礁の内側の比較的浅いところでおこない、アイゴなどを狙う。こうした漁は、条件がそろえば、船を

写真28　磯漁りで小さなタコを捕らえた少女。船に乗って漁に出かける女性は多くないが、大潮で海が干あがる時間帯には、漁場まで連れだって磯漁りにいく女性が多い。1996年9月撮影。

出さずに陸からでもおこなえる。いっぽう「夜釣り」は、礁斜面の深みでおこなうので、船を漕ぐのでなく帆をかけて漁場まで行く。狙いは、ハタ類などの大物だ。このための釣針は、昼間の釣りの場合より大きく、釣糸も太い。

刺突漁は、同じ漁具でも漁場を移動すれば異なる漁ができるので、表に掲げた四つの区分は厳密ではないかもしれない。しかし、漁師たち自身は、だいたいこの四つを区別している。あるていど深いところまで行き、水のなかに潜って魚やイセエビなどを捕るのが「潜水漁」、船の上から海底のウニなどをヤスで捕るのが「船上からの刺突漁」だ。徒歩で漁場まで行く漁は、昼間におこなう「磯漁り」と（写真28）、月夜におこなう「夜のナマコ漁」に分けられる。磯漁りは、ナマコのほかにタコや貝類が主要な獲物であるのに対して、夜のナマコ漁では、夜間に活発に動くナマコが主たる漁獲対象となる。

漁獲を観察する

わたしは当初、ファシラヴァ村の男たちがおこなう漁について行き、漁の条件と漁獲高との関係を徹底的に調べあげようと考えていた。しかし、これだけの漁の種類があるうえに、季節や潮汐、風の状態など、さまざまな条件に関してデータをそろえ、そのうえで多くの因子について検討するのはむずかしそうに思えてきた。一日に同行できる漁は一回だけだから、時間も足りなかった。けっきょく、海上での漁撈活動の調査はかぎられ、陸上での観察が中心になってしまった。

そのかわり、ひとつひとつの漁のようすだけでなく、ひとつの家族が複数の漁を組みあわせておこなうようすにも着目しようとした。そこで、構成員の多い家族をファシラヴァ村のなかからふたつ選び、奇数日には一方を、偶数日には他方を調査して、潮汐がひと巡りする十四日間のようすを観察・記録した（調査中に不幸があり、葬儀が終わって最初からやりなおしたため、表2では調査期間が二十二日間になっている）。この間は、朝六時頃から夕方六時頃まで、調査対象の家族の敷地ですごすようにする。そして、誰が何時に誰と海に出かけ、何時に帰ってくるか、持ちかえった魚の種類と数、重量、ただちに売却した量と売却のために保存加工した量、家族内で分配した量など、可能なかぎり詳しく記録した。

ここで家族と呼んでいるのは、たんに血縁的なつながりがあるのみならず、共同して漁に行き、漁獲を分配し、場合によっては調理した食事を持ちよって共食することもある単位のことだ。じっさいには、老夫婦の世帯と、結婚したその子たちの世帯（核家族）が協力して「家族」を構成する。

こうした意味での家族のなかでは、たとえ漁に参加しなかった世帯でも、なんらかのかたちで、おかずにするための魚を割りあててもらえる。

機械化が進んだ日本の場合、小規模経営の漁師たちはしばしば個人や夫婦で漁に行くが、ヴェズ漁村では、親族関係のある複数の世帯の男たちがひとつの船で漁に行くことが多い。そのために、親子や兄弟の絆は、結婚して独立してからでも持続するのだ。

漁獲観察の調査のうち、出漁と帰漁の時刻を記録するのはたやすい。むずかしいのは、たくさんの水揚げがあったとき、小分けにして配られていく魚の種類と数、重量をいちいち記録することだった。たいていはまず、家族のあいだで自家消費する魚がとり分けられる。商品価値の低い魚や、種類が少なかったため規格外のようにして扱われた魚がそれである。その他は、家族の構成員が売却用に加工するにせよ、家族以外の者に売却するにせよ、秤量して現金化される。

だから、わたしが携行するばねばかりで量るのは、ほとんどの場合、とり分けられた自家消費分ということになる。一尾一尾を量っていては時間がかかるので、まずは世帯の数に応じていくつかの山に分けられるのを観察し、分配が終わってから、山ごとにまとめて秤量することにした。ときには、秤量する前に持ちさられる魚もあったが、たいていは山の大きさが等しくなるよう分けられた後なので、秤量した山の平均重量を推定値とした。

この調査でわかったことは、いろいろある(飯田 二〇〇八)。漁法ごとに捕れる魚が違うという事実や、かたちから魚を見分ける方法も、わたしはこの調査から学んだ。しかしもっとも驚いたのは、調査期間中に得られた漁獲をどのようなかたちで換金したとしても、毎日食べる米やキャッサバ、トウモロコシなどの「主食」をまかなうだけの金額にいたらないという事実だった。

これは、調査のやりかたが悪かったわけではない。村にいて漁をするだけでは、たとえ一日も欠かさず漁に出たとしても、年間をとおして暮らせるだけの収入は得られないのだ。漁師には、ほかにも収入源があった。それは、農耕でも商売でもない。季節的に遠隔地でキャンプを営みながらおこなう漁が、漁師にとっては莫大な収入になるのだった。だからこそヴィトルは、前章で述べたように、村から二百キロメートルも離れた町まで出かけていたのだ。

遠隔地キャンプの漁の実入りがよいことは、村に居ついてしばらくしてから予想するようになり、キャンプ出漁に同行して確かめることができた。このことについては、本章の最後で述べる。

聞きとりの心構え

前章で、記録のさいに用いる道具について、簡単に述べた。けっきょくのところ、どのような道具を使ってどのような記録をとるかは、研究者によってまちまちだ。フィールド人類学者は、言語をノートに書きとめ、生活に用いられる道具を写真に撮り、人びとの身ぶりや行動をビデオに記録し、昔の話を録音し、研究テーマに関わるエピソードをカードに書いて、整理・分類する。ただ、他の分野のフィールド研究に較べると、記録装置や集める資料がきわだって特徴的というわけではない。フィールド人類学者が使うのは、筆記用具、カメラ、ビデオ、ＩＣレコーダーなど、日常生

写真29　人から聞いた話を記録にとる筆者。人の話には誤りや作為が混じることがあるが、それでも、人に聞いて確認しなければならないことがらは多い。2010年7月、マダガスカル国アムルニ・マニア地域圏にて、久保田康裕撮影。

活でも出番が多い一般的なものが多い。

フィールド研究の一部の分野では、あたらしい記録方法やあたらしいタイプの資料が活用されるようになることで、研究が進展することがある。フィールド研究では、文書館・図書館における文献研究や実験室での研究などと異なり、野外に出て探しだした資料が研究の基礎になるからだ。あたらしい記録方法によってあたらしい資料が得られることになれば、フィールドに出かけることの意義が増し、研究が活性化することになる。変わったタイプの資料をあつかう分野としては、たとえば分類学では、新種記載のために標本を集める。動物生態学では、動物に発信装置をとり付け、GPSで追跡してその動きを数値化し記録する。考古学者は、遺跡を発掘して、出土したものを資料とし、貴重な遺物を保存する。

　学問全体における記録や資料の多様さからみると、フィールド人類学では記録に特別の装置を使うわけではなく、それほど変わった形状の資料を扱うわけでもない。そのかわりフィールド人類学では、記録のための装置より、手あたり次第におこなった記録のなかから有意味なものを選びだす研究センスが重要だ（写真29）。これは、いくら強調してもしすぎることはない。なにを記録することが、自分の他者理解につながるか。それを判断するセンスがないと、めずらしいもの、記録にとどめたいものが膨大になって、混乱してしまう。もったいない話ではあるが、調査経験をつうじて身についたセンスを発揮して、情報を取捨選択しなければならない。情報を集めるのもセンス（身体感覚）だが、それをきり捨てるのもまたセンス（方向感覚）なのだ。

　わたしの場合、定量的なデータ収集によって調査が完成するとは思えなかった。たとえば、キリマリニカ村の人たちがマシクルであるいっぽう、ファシラヴァ村に移住した後の子孫たちはなぜヴェズと名乗っているのか。これを明らかにする調査プログラムを、わたしは持っていない。この疑問を解くために、わたしは、日ごろからダンテシやほかの人たちの会話に耳を傾けながら、彼らがふたつの村の歴史をどのように考えているかを記録し、整理していかなければならなかった。

　誰か村の歴史に詳しい人に聞けばじゅうぶんではないか、という考えかたもあろう。しかし、フィールド人類学者は、ふたつのことに気をつけなければならない。第一に、さまざまな人がさまざまな考えかたを持つ場合があること、第二に、通俗的な説がいつも正しいとはかぎらないことだ。

とくに、ふだん話題にのぼりにくいようなことがら、人びとが漠然としか考えていないようなことがらは、出まかせで語られることがあるので、聞いた話を「鵜呑み」にしてはいけない。ましてや、こうしたことがらに関して厳密な説明を求めようとするなら、フィールド研究者としては失格だ。

人に聞けばなんでもわかるという安易な態度で聞きとりをおこない、活字にして出版してはならない。その記録が権威をもってしまい、多様な考えかたが封じこまれてしまうからだ。最初に聞いた話が「ひとり歩き」してしまうわけだ。同じ理由で、誘導尋問も避けなければならない。質問者に誘導する意識がなくとも、答えるほうが質問者をなんらかの意味で気づかっていれば、結果的には誘導尋問と同じことだ。

人びとの考えかたを記録していくうえでは、どのていどの割合の人たちがどのていどの確かさでその考えをもっているのか、長い時間をかけながら明らかにしていく必要がある。場合によっては、そのプロセスも記録しておかなければならない。フィールド人類学者は、それだけの慎重さでもって「民族誌」いう調査記録を著すよう求められているのだ。

ついでにいえば、最初に聞いた話だけでなく、研究者自身の第一印象や、調査に出かける以前の文献情報についても、警戒しなければならない。さもなければ民族誌は、人びとの考えとまったく無関係なことがらを、研究者が虚飾して真実らしく構成しただけのものになってしまう。そしてじっさい、多かれ少なかれそうした方法をまじえて多くの民族誌が書かれてきたと、一九八〇年代以降、文化人類学者たちが指摘してきた。

しかしじっさいのところ、「多くの民族誌が虚構である」という言いかたは、かなり極論に傾いている。事実を下敷きにして書かれたものであるかぎり、民族誌がまったくの虚構である可能性は、ほとんど考えられないといってよい。しかし、そのていどの「真実」であれば、民族誌家にかぎらず、紀行作家や旅行好きのブロガーでも書ける。われわれフィールド人類学者は、民族誌を職業とする者として、嘘ではないと開きなおるのでなく、よりよい民族誌を書こうと努めねばならない。けっきょく、文献に対しても人の話に対しても、信用することなく一定の距離をとっておかなくてはならない。これは、いくら不誠実にみえようとも、情報提供者に対して誠実であろうとするゆえにこそ不可欠な態度なのだ。

民族アイデンティティを尋ねる

キリマリニカ村とファシラヴァ村の関係についても、わたしは自分の思いこみを極力排しつつ、人びとの日常会話に耳を傾けて明らかにしようと思った。最初のうち、人びとの会話に参加するというのは、とてもむずかしい作業である。なにが話されているのかさっぱりわからず、うわの空で聞いていると、知らぬ間に自分に意見が求められており、ダンテシに名を呼ばれてはっとすることがある。そうしたとき、なにを聞かれていたのかもう一度話してもらって、ようやく答えることができるのだった。そうした状態は、わたしの場合、ダンテシと住みはじめてから半年くらいは続いただろうか。いや、それから二十年経った現在でも、多かれ少なかれ、似たことはある。しかし焦らないようにして、人びとが話す場に身を置きつづけるようにしていると、次第にたくさんの話が集まるようになる。最初は、気になった問答に関して、断片的なメモをノートに記すだけだ。しかし関連する話が増えてくると、それを集めた清書用ノートは、アフォリズム（箴言）さながらに訴えかけてくるようになる。

そのようにして気をつけた結果わかってきたのは、キリマリニカ村の人たちがマシクルでなく、じつはヴェズだったということだ。キリマリニカ村の人たちに直接尋ねるときは、ヴェズといったりマシクルといったり、「混じっている」という答えが返ってきたり、まちまちだった。ひどいときには、ヴェズと言ったりマシクルと言ったり、答えが一貫しない者もいた。いずれにせよ、答える側はかならず、「ヴェズ＝漁撈者、マシクル＝農耕者」という図式を暗黙裡に前提していたように思われる。主として農耕によって生計を維持するいっぽう少数者は海岸まで通って漁もするという村落生活の二面性を、彼らは矛盾とみなし、それに一貫した説明を与えようと苦心しているようだった。

興味深いことに、村の成りたちについてよく知っていそうな年長者たちにキリマリニカ村のことを尋ねてみると、そこの人たちはヴェズだという答えが多かった。そうしたときしばしば、話者は「すぐには信じられないだろうが」と前置きをするかのように、息を深く吸ってゆっくりと話しはじめた。わたしは次第に、こう考えるようになっていた。キリマリニカ村民は、ヴェズを自認しているにもかかわらず農耕に依存した暮らしをするため、周りからしばしばマシクルだとみなされる。

だから「ヴェズなのかマシクルなのか」と尋ねられて、自分がヴェズであることの説明を厄介だと感じたときには、自分がマシクルだと答えてしまうのではないか。

そのように考えると、それまでの矛盾した答えが一度に説明できそうだった。じつは、先行する民族誌のひとつは、海岸部で農耕をおこなう人びとがしばしば「泥のヴェズ」と呼ばれると指摘していた。これを読んだとき、わたしは、たいしてそのニュアンスを気に留めなかった。しかし、キリマリニカ村の人たちと親しくなってみると、海水でもなく土でもない両義的なものを、自嘲気味に「泥」と呼んでいるのだとわかった。けっして他人が農耕者を揶揄しているのでなく、むしろ当事者たちのほうが説明に戸惑って口にする表現なのだ。少なくとも、現在ではそうだ。

付言しておくと、マダガスカルのこの地域では、民族や出自を尋ねることは失礼にあたらない。しかし、地域によってはそうでないところもある。民族についての話題がはらむニュアンスに関しては、調査に入る前に、あらかじめ確認しておいたほうがよいだろう。

村の歴史

キリマリニカ村の開基と、それに続くファシラヴァ村の開基については、おもだった年長者を尋ねて詳しく聞きとった。そのさい、話はテープレコーダーに録音させてもらった。聞きとった内容は、ダンテシの助けを借りつつ、言いまちがいなども含めて一字一句書きとった。このことは、日常場面での使用頻度が少ない語彙に触れる機会となっただけでなく、文章表現を磨くためのよいトレーニングにもなった。

キリマリニカ村を開基したマハリスという人は、わたしが話を聞いた年長者からみて二世代上にあたる。この年長者は、話を聞いてから二十年経ったいま鬼籍に入ってしまい、彼と同じ世代の者も、キリマリニカ村やファシラヴァ村にいない。マハリスがどこから来たかについて、年長者たちはわからないと言っていた。ある年長者は「南のほうから来たと聞いている」と答えたが、正確なところはわからない。彼が移入してきたときの年齢も不明だ。

マダガスカル村落部では、誕生日などがIDカードに正確に記録されるようになるのは、一九七〇年代後半頃になってからだ。それまでは、新生児が生まれても役所に届けることがなく、したがって出生記録もない。そうしたなかで、過去のできごとが起こった年代を推定しようとすると、主だった人の年齢の上下関係や、大事件（戦争やマダガスカル独立など）が起こった年について調べておかなければならない。そのうえで、大事件が起こったときに誰が結婚しており、子どもがどれだけいたかなど、家族の成長段階との関係を調べなければならない。そうしてはじめて、できごとが何年前に起こったかということが、おぼろげにわかってくるのだ。

マハリスがキリマリニカ村に来たのは、一九〇〇年前後ではないかとわたしはみている。しかしこれだって、まだ検証の余地を残している。口承を史実として確定するためには、そうとう厳密な調査を覚悟しなければならない。

その後に、ファシラヴァ村ができた。そのきっかけは、マハツィアケとラヒライケという二人兄弟が、キリマリニカ村を出て現在のファシラヴァ村近辺に住みついたことにある。おそらく一九二〇年代か、それより後のことだと思われる。この兄弟は、当時キリマリニカ村に住んでいた人とのあいだに、血のつながりをもたなかった。彼らの両親は、もともと数キロメートル離れた村に住んでいたが、隣人たちとの仲が険悪になり、キリマリニカ村に移住してきたのだ。彼らの家族がキリマリニカ村の人たちと婚姻関係をもったのは、わたしが聞きとったかぎり、マハツィアケ兄弟の子どもたちより後の世代だ。

マハツィアケ兄弟が成人に達した頃、ヨーロッパ系の商人が彼らを雇って、ファシラヴァ村に住むよう命じた。この商人がおこなった事業のひとつは、ファシラヴァ村とキリマリニカ村のあいだで天然塩を採取して、ファシラヴァ村の浜から出荷することだった。マハツィアケ兄弟は、商品である塩を管理するため、ファシラヴァ村に住むことになったのだ。

キリマリニカ村を開基したマハリスの血縁者のうち、はじめてファシラヴァ村にやってきたのは、マハサンヂ＝ツァイケおよびタンピツェフという二人の兄弟だったと思われる。彼らは、マハリスの姉妹の息子、つまり甥にあたる。二人のうちタンピツェフは、マハツィアケの娘を妻とし、ファシラヴァ村とキリマリニカ村の結びつきを強めた。

以上が、キリマリニカ村とファシラヴァ村の開基のあらましだ。ファシラヴァ村へは、その後の時代に別の土地から移住があって、そのためにファシラヴァ村は、キリマリニカ村よりも多くの人口を抱えるにいたった。

こうした村の成りたちは、あらためて年少者が尋ねる機会がないと、年長者も進んで語ろうとはしない。このため、わたしが年長者から話を聞いていると、わたしよりも年上で人の名をよく知っているような者でさえ耳を傾ける。そしてときどき、故人が話し手とどのような関係にあるのか、細かく確認する。このことが示すように、村の歴史は、誰でも語れるというものではない。だからこそ、曖昧な点は曖昧であると明示しておき、できるだけ多くの異伝をふまえて正確を期するようにしたい。

葬儀と祭礼――関係を深める場

村の人たちとの関係を深めるプロセスは、前章で詳しく紹介した。しかし、そこで書いたのは、調査を始めた初期段階のことだ。村人との関係は、初期段階ですべてできあがるわけではない。本格的な調査が始まってからも、いろいろな機会を経て、村人たちとの交渉は密になっていった。そうした機会は、いちいち列挙しきれないが、とりわけ大きな効果をもったのが、人前で踊りを披露したことだった。もとより、わたしは踊り上手でない。しかも汗かきで、踊りだすと水を頭からかぶったように汗が流れ、いかにも見苦しかったと思う。しかし、この地域の人たちが好むアップテンポの楽曲に合わせ、不器用ながら懸命に体をゆらしていると、周りの人たちは大声をあげて喜ぶのだった。調査道具を入れたウエストバッグがぽんぽん揺れるのも、他の人たちの踊りにない味を醸しだしていたと思う。

周りの人たちがおもしろがると、踊りの得意な者が積極的になり、わたしにいろいろな踊りを教えようとする。踊りを締めくくるオチの文句を教えてもらうと、わたしは、とくにハレの日でなくともときどきくり返すようになった。それを聞いた者たちは喜んで、あの祭りのときはおもしろかったねえ、次はいつだろうねえと、ともにすごした時間を懐かしんだものだ。

村の人たちと踊る機会は、何度かあった。後述する治療儀礼（ビル）や、割礼儀礼のほか、葬儀のときにも、人びとはいかにも楽しそうに歌い、踊るのだった（飯田二〇〇九）。これまで、民俗事象を分析するための「ハレ（非日常）とケ（日常）」という対立でいえば、ケにあたる部分だけを述べてきた。ここでは、人びとが仲を深めるハレの機会について述べよう。

葬儀が楽しそうだと書いたが、もちろん、しめやかな葬儀もある。いや、基本的には、葬儀は悲しみに始まって悲しみに終わる。ただ、年長者が天寿をまっとうした場合には、年少者が死んだときほどの悲しみはない。おまけに、子や孫、姻族などの参列者が多数集まるため、親戚どうしが顔を合わせるよい機会となる。こうしたとき、弔問の挨拶のときだけは参列者が深い悲しみをあらわすものの、それが終わるとにぎやかに時をすごす。

とりわけ夜はにぎやかだ。夜の時間を盛りあげるため、喪主たちは音楽家を雇い、アップテンポの楽曲を生で演奏させる（写真30）。場が盛りあがれば、参列者も楽団におひねりを与える。わたし自身も、踊りで場を盛りあげたためにおひねりを何度かもらい、おかげで楽団の人たちとも仲よくなった。

写真30　ファシラヴァ村の葬儀にあらわれたキリマリニカ村の楽団。ベスガディと呼ばれるベース楽器でテンポをとりつつ、高らかな歌声で場を盛りあげる。ちょっとした近隣のスターといえる。1996年6月撮影。

　こうしたとき、讃美歌は、勢いがそがれがちになる。楽器をともなわないことが多く、女性たちのコーラスが中心となるので、アップテンポの楽曲に較べるとメリハリが少ないのだ。しかしこれも、故人や周辺の人たちの好みだと、ほとんど休みなしに歌いつづけられる。楽団から少し離れて静かに歌ったり、ギターなどの楽器で伴奏したりもする。讃美歌は、どちらかといえば、年少者がなくなって悲しみが深いときのほうが効果的だ。しかし、楽団も讃美歌も、どちらも故人のための演出だから、じゅうぶんな数の歌い手さえいれば、同時に入りみだれながら歌ってもよいのだ。

　このほかに、ジへという、この地域に特徴的な「歌」もある。歌といっても、詞はきわめて短く、節まわしがほとんどないこともある。たとえば「ベレ・ル（腐った芋）」あるいは「スア・マレ（とってもいい）」という「歌詞」には、ほとんど節まわしがない。このほか、「トアマランタラ・ジルマンガ（青い光が灯っている）」、「カ・ミラ・ラザ（祖先を呼びだすな）」「ハイナイ（知ってるぞ）」「ボイナ・マングツケ・アファラ（飛行機（ボーイング）が後ろでうなっている）」など、文句はいろいろあるが、短すぎて意味がよくわからないものが多い。

こうした文句が唱えられるのは、故人の遺体が安置された家の周りを、大勢が小走りでぐるぐる回るときだ。一ヶ所にとどまりながら歌っても、それはジヘとは言わないと思う。ずっと続けていると息があがってくるので、気分も高まってくる。だから、ジヘに加わる者のなかには、半分ふざけたり笑ったりしている者が少なくない。「祖先（ラザ）を呼びだすな」という文句は、しばしば「金（ザラ）を欲しがるな」という「替え歌」で歌われる。

楽団の演奏や讃美歌の合唱、ジヘは、たいてい夜間に挙行される。乾季であれば、夜間は気温が下がるため、ところどころでたき火が焚かれる。昼間にはなにをするかというと、女性たちは弔問客の食事を作ったり給仕したりし、男たちはもっぱら、遺体を収めるための棺を作っている。棺作りには何日もかかるが、近い親族や知人が訃報を聞いてかけつけるまでには時間がかかるから、ちょうどよい。とはいえ、参列者のために調理する食事の量もばかにならない。食事をふるまう範囲は地域やケースによってまちまちだが、ヴェズの人たちの地域では、他の地域よりもふるまいの範囲が狭いように思う。ごくかぎられた近い親族だけが、死者の家の周りで共食するのだ。ただし

写真31　ファシラヴァ村の集落を出て、墓地へ向かって小走りに進む葬列。先頭の十字架は、棺を石で覆った上に立てる。年長者の葬儀の場合、湿っぽさはほとんどなく、墓地に着くまで参列者の気分は高揚する。1996年６月撮影。

これは葬儀の場合であって、割礼や治療儀礼のように事前に期日が予定された祭りの場合には、かなり広い範囲の招待客たちがウシのシチューをご飯にかけたものをふるまわれる。

近い親族を呼ぶときには、とくに経済的に困窮していないかぎり、喪主が漁船や牛車、自動車をチャーターし、親族たちを迎えに行かせる。だが、それを待たずに、行きがかりの漁船や牛車に乗せてもらうことも多い（47頁参照）。

親族たちが集まると、埋葬がおこなわれる。おおかたの者たちが朝食を終える八時から九時にかけて、楽団の演奏が急にやみ、出棺が準備される。棺は、狭い入口をわざわざ通したりしない。ヴェズの伝統的な家屋はガマの茎（稈）でできており、破れやすいため、斧などで東側の壁を破って出棺する。壁を破ってから遺体を棺に収め、出棺するまで、手の空いた参列者は、家の西側で座って待つ。

この後、十字架を持った先導者と棺を先頭にして、一行は列を組んで墓地に向かう（写真31）。棺は牛車に載せることが多いが、小さな葬儀では参列者が担ぐこともあるし、大きな町ではトラックに運ばせることもあるようだ、ファシラヴァ村の墓地は、村から三キロメートルほど東にある。墓地の立地は、灌木などで覆われた場所だ。埋葬のとき以外に人がたち入らないよう、目だたない場所が選ばれているようだ。ヴェズの人びとの考えによると、供養をじゅうぶんに受けていない死者は、夢などに現れて、生者に負の影響をおよぼす。原因不明の病気に陥れるのだ。このため生者は、死者と一定の距離を保つため、村の近くに墓地を作ることは少ない。そのため、葬列の行進は長距離を歩く。しかし、寝不足のはずの参列者は気分が高揚しており、しばしばジへを唱えながら小走りで墓地へ向かう。

墓地には、大小の石垣が築かれている。この石垣は、棺を石で覆った結果築かれたもので、なかには多数の死者が眠っているのだ。高いものは三メートルもあろうか。あたらしい棺は、地面の上に置かれたり、比較的低い石垣の上に積まれたりした後、サンゴ由来の石灰岩で覆われて、石垣がまた拡大する。あたらしい棺の近くには十字架が立てられ、死者の家で使っていた鍋や食器などが棺とともに置き去られる。

参列者たちは、帰りぎわに、適当な水場で足を洗う。ふだんの水場ではなく、儀礼のときにつかう「霊力のある水」を汲むような場所に行き、そこで洗うのがよいそうだ。わたしは、そうした場所には、葬式の帰りにしか行ったことがない。ふだん行かない理由は、気味が悪いように思うからだけではなく、道に迷いそうだからということもあるのだが。

祖霊

マダガスカルでは、キリスト教が支配的であるにもかかわらず、祖霊に対する信仰が根強い。日本の民間仏教と異なって、大宗教と祖霊信仰が混然と融けあっているわけではないが、マダガスカルの人たちは、両者は矛盾せず両立すると考えている。このため、教会などとは別の場所で、祖霊信仰に関わるさまざまな行事に出会う。

祖霊信仰に関わるヴェズの行事や習慣を列挙してみよう。先に書いたように、供養をじゅうぶんに受けていない死者は、生者を病気に陥れる。この災厄をとり除くために、ヴェズの人びとは、スルと呼ばれる供儀をする。病気の軽重により、米のスル、ヤギのスル、ウシのスルなどがある。どのスルをどのようなタイミングでとりおこなうかは、呪医や霊媒師が決める。

治療儀礼ビル（162頁参照）でとり除く災厄も、祖霊がもたらすといわれる。けっして重い病気ではないが、他の方法では治療できない。この治療儀礼も、呪医の見たてに従っておこなわれる。儀礼の一環として、やはりなんらかの供儀が祖霊に対しておこなわれることが多いようだ。

割礼もまた、祖霊に関わる行事だ。これは、これから成人していく子どもたちが無事に一人前に

写真32　霊力を呪医がひき出すときに用いる道具、ムハラ。ウシの角に土を入れ、ハサミなどを埋めこんでいる。このムハラを持っている男性は、自分の特殊技能が写真でもわかるよう、ムハラを持ったところを写真に撮ってほしいと言った。2014年２月撮影。

なるよう、祖霊から祝福を受けることが目的だ。儀式の日どりなどは、やはり呪医の見たてに従う。

ここまでに何度も登場した「呪医」という語は、霊能力の専門家を指し、碁石のような駒で卜占をしたり、ウシの角で作った道具（写真32）で木片に霊力を籠めたりする。治療に薬草を用いることもある。呪医の霊力と祖霊との関係について、わたしはまだ、じゅうぶんに整理しきれていない。ある者は、呪医の霊力は神が授けたものだと言い、また別の者は、祖霊そのものに由来すると言うからだ。こうした霊能力を持つ者は、悩んでいる者や病気の者から依頼を受け、災厄の除去をおこなう。いわば「人を生かす術」だ。

これとは別に、「人を死なせる術」もある。富める者や優れた者に呪いをかけて、無気力にしたり、病気にしたりするのだ。人類学では、このように災厄をもたらす呪術を邪術と呼ぶ。ヴェズの人たちも、邪術を、他の呪術から切り離して考える傾向にある。そしてなぜか、邪術の霊力は、祖霊と結びつけて考えられている。

ある朝のことだ。海を見晴らす浜辺で天気を見ながら、何人かの男たちが集まって話をしていた。いつもとようすが違うのは、集まった男たちがみな、船底を覗きこみながら話をしていることだった。わたしも覗きこんでみると、カニの甲羅が転がっていた。鳥についばまれたような形だった。

「タク、これがなにか判るか」ヴィトルの兄のルシーが言う。彼は、船の持ち主だ。

カニだろうと答えると、ルシーはかぶりを振った。

「これはファネブアだ。人から気力を奪う呪物だ。だれかが俺を妬んでいるんだよ。」

ルシーによると、呪物にはいろいろな形のものがある。カニの死骸のように崩れかかったものでも、霊力を備えることがある。霊力を籠めるのにはいろいろなやり方があるが、墓場を訪れて祖霊を呼びだせば、専門の呪医でなくとも呪物を作ることができる。

「日本にも、こんな呪物（ファナフディ・ガシ）はあるか?」

ルシーは、これまでわたしに何度も訊ねたことを、またくり返した。ファナフディ・ガシ、文字どおりにはマダガスカルの薬。西洋の医薬と異なり、霊力によって人を生かしたり死なせたりするものを指す。日本にも護符というのはあるが、霊力を籠める人がそう身近にみつかるわけではない。そのことは、ルシーにさんざん説明してきた。ルシーは、自分の質問に次のような答えを用意していたはずだ――こんな恐ろしいものが日本にあるはずがない、もううんざりだ。

祖霊も邪術も、ヴェズにとっては身近なことがらだ。ここで描写したのは、その一端にすぎない。村の歴史のように全体的に描くためには、さまざまな人たちと祖霊や邪術との関わりを、もっとノートに記していかねばならないだろう。

このことは、海と関わりがないようにみえるが、漁撈とは大きく関わっている。ヴェズの人たちが隣人を妬むのは、ほとんどの場合、大きな漁獲を得て経済的に成功しているからだ。このテーマは、これからまだまだ深めていかねばならない。

ドゥアニ

漁師は、祖霊にはたらきかけてライバルの漁師を呪うが、逆に、自分に大漁をもたらしてもらうことはないのだろうか。わたしが聞いたかぎりでは、そうした例はない。しかし、祖霊とは別の霊的存在にはたらきかけて、大漁を祈ることはある。その霊的存在とは、「ドゥアニ」と呼ばれる憑霊だ。霊を降ろす能力を獲得した霊媒は、その霊力を使って予知や透視ができ、木片などに霊力を籠めることができる。ちょうど、呪医が霊力を籠めるように。

ドゥアニのなかにも、じつはいろいろな由来をもつものがある。いずれも、人間に見えない別世界に住む点で共通する。多いのは、ふだん海の底にいて、霊媒が呼びだすとこの世にやって来るものだ。霊媒とは、霊が乗りうつる（降りる、または憑依する）対象となる人間のことで、憑依状態のときには憑霊の意思のままに体を動かしたり話したりする。霊が離脱してから尋ねても、憑依中のことはなにも覚えていないという。霊媒は、自身に憑依させられる霊とのあいだに、持続的な関係をとり結ぶ。しばしば、ひとりの霊媒が複数の霊を降ろすことができるが、縁のない霊を呼びだして乗りうつらせることはできない。

憑霊と霊媒との関係は、ふつう、憑霊の側からのはたらきかけによって始まる。霊媒としてふさわしい人間を霊が認め、関係をとり結ぼうとしたとき、霊はまず、その人間を病気にする。その病気は、どのような治療をほどこしても治らないので、病人は、呪医や霊媒にうかがいを立て、原因を探ってもらう。正確にいうと、霊媒が原因を探るのでなく、霊媒に降りた霊が、病人と会話しながら原因を探る。

霊が憑依したがっていることがわかり、病人もその霊と生涯つき合うことを決めると、その霊を呼びだして、しかるべき手続きをおこなう。夫婦になろうとする男女が結婚式をあげるのと同じように、霊と病人もまた、持続的な関係を確認して、周囲に知らしめるという手続きを踏むのだ。また、霊媒は霊と直接話ができないから、近親の者が霊のことばを伝える補佐役を務めるよう、話をまとめておく必要がある。そうした準備を整えてはじめて、病人は快復し、自由に霊を呼びだす霊媒の能力を身につけられるのだ。

わたしがこれまでに憑依にたち会った機会は、大きく分けて二つの場合がある。ひとつは、個人的に霊媒にお願いして、霊を呼びだしてもらう場合。霊から直接に話を聞きたいときや、自分自身の悩みをうち明けて解決をみつけようとするときなどである。他の人が頼みごとをするときにたち合わせてもらうのも、場合によってはできるかもしれないが、あえてお願いしたことはない。

このように書くと、「あなたは憑依がまやかしでないと信じているのか?」と尋ねられそうだ。まやかしでないとは言いきれない。霊媒と補佐役が口裏を合わせれば、たいていのことがらは辻褄が合う。その意味で、わたしは憑依を完全に信じてはいないのだが、憑依の世界がファシラヴァ村の人たちにとって厳然たる事実であることは否定しない。憑依が事実であると前提にしてはじめて、村の人たちとも話せるし、その考えかたも理解できるようになる。その意味で、わたしは憑依を信じているといってもよい。

わたしが憑依にたち会うもうひとつの機会は、しばしば乾季に催される、霊媒の家族たちと霊とが交流する祭り（フンバ・ドゥアニ）だ。祖霊と生者とが交流することで有名な中央高地部のファマディハナに似ているが、フンバ・ドゥアニは毎年開かれ、場合によっては年に複数回開かれることもある。わたしたち日本人にとっては、家族の誕生パーティーに近いかもしれない。ただ、誕生パーティーとちがって、フンバ・ドゥアニの主役は複数おり、ひとりの霊媒がいれ替わりたち替わりに異なる霊を降ろす。一回のフンバ・ドゥアニで、複数の霊媒が、関係をもつすべての霊を降ろして交流することもある。

こうした機会にたち会うと、なにが起こっているのか理解できないこともしばしばだ。なんとなく霊が交替したような兆しがあると、そのようすをノートに書きつける。霊が喜びを表現するしかたにも個人差（個霊差？）があり、やはりノートに書きとめると参考になる。そうやってみると、フンバ・ドゥアニの進行次第は、催す家族によって大きく異なる。一度は、家のなかにいきなりウシが入ってきて驚愕した。ウシに似たドゥアニがウシに憑依して、挨拶を求めに入ってきたというのだ。なるほど、ウシは暴れずおとなしくしており、ふつうのウシとちがうといわれればそんな気もした。

ノートをとるうえでは、メモをとった時刻をこまめに記しておくとよい。事実を記録するのでなく自分の感想を書く場合も、時刻を付すようにする。そうすれば、書き落としがあっても後から思いおこせるし、ノートの分量に惑わされず時間の流れを追うことができる。こうした調査の場合、時計を忘れてくるのは致命的なミスだ。

それから、写真を撮ってよいかどうかも霊に確認するようにしたほうがよい。これは、生きている人間の場合でも同じことなのだが、霊の機嫌を損ねると周りの人の迷惑にもなるから、とくに気をつけるようにしたい。そうした気づかいをとおして、場の雰囲気を調査者が理解しているかどうか、周囲の者たちにもわかってもらうことができる。

ドゥアニに対する作法は、ドゥアニの履歴によってさまざまだ。ドゥアニとはこんなものだと納得したつもりでも、その理解では収まらないドゥアニが目の前に現れる。しかも、アポなしでの直接インタビューができない。まだまだ時間をかけなければ、その全貌は理解できなさそうだ。

村を出る

ファシラヴァ村を離れる日が近づいてきた。一九九六年九月末の食事調査が終わると、近くの村で、治療儀礼ビルが催された。これは、原因不明の足の痛みを治療するため、呪医の指導のもとに開かれるものだ。患者はひとりでなく、数名いるのがふつうだ。患者が少ないとき、ビルの開催はあきらめるのか、サクラを集めて数を合わせるのか、定かではない。

写真33　治療儀礼ビル。日中は、足の痛みを訴える者（クライアント）たちが広場で踊り、他の参加者たちもそれに加わって祝祭的な雰囲気を盛りあげる。最終日の日没後に、クライアントたちは写真のような壇に登って、呪医から最後の治療を受ける。1996年9月、アンバルラオ村で撮影。

数日にわたる儀礼期間中は、村の広場で楽団が演奏をおこない、それに合わせて患者（クライアント）が足踏みをする。このとき、とり巻きのなかから激しく踊るものが現れて、踊りを盛りあげることもある。ビルでは、踊り手と観客が一体となって楽しみ、その結果として治療が実現するのだ。最終日が近づくと、近隣の村々からも、見舞金をもって多くの人びとが訪問する。年長者は社交のために、そして年少者は、純粋に踊りや祭りを楽しむために。最終日の夕方には、広場近くに設けられた祭壇に患者がひとりずつ上がり、呪医の聖水で洗ってもらって、祭壇から降りて治療が終わる（写真33）。このときわたしが見たビルでは、続けて割礼儀礼もおこなわれた。わたしは、一連の儀礼を観察するため、三日間ファシラヴァ村を離れて、ビルや割礼の記録に専心した。

十月三日、隣村へ出かけ、品ぞろえのよい店で買いだしをした。一年前に村に来たときと同じように、寄り合いを開いてもらって、村を去ることを述べるためだ。呑んべえのための蒸留酒と、下戸のための炭酸飲料（コーラやファンタ）、中間の嗜好をもつ人のためのぶどう酒を、それぞれ買った。ぶどう酒といっても、品質が規格化されたワインではなく、個人が醸造したもので、ひょっとすると密造酒も混じっているかもしれない。ボトルにも詰められておらず、ポリタンクに保管したものを店で量り売りしてもらう。

翌四日は、午前中を洗濯に費やした。夕方にならなければ、寄り合いを呼びかけても集まりが悪いからだ。午後には、船を出してくれそうな人を探した。潮まわりがよくなかったためか、われわれの目的地である遠方まで船を出してくれる人はいなかったが、とりあえず、ムルンベまで行く船はみつかった。

なぜ、遠方まで行こうと思ったのか？　そこでの漁獲調査を、この年の滞在での最後の調査にしようと、わたしは思っていた。村での漁獲調査で明らかになったのは、毎日の漁獲を現金換算した額が、毎日の主食を購入するにも足りないということだった。それにもかかわらず生活が成りたっているからには、不足を埋めあわせるだけの大きな収入が、どこかで得られたからだ。どの世帯にも共通する大口収入の機会とは、多くの世帯が乾季に遠方でおこなうキャンプ出漁だった。大きな収入が得られるからこそ、多くの人たちが、長期にわたって遠方でキャンプ生活をしているのだ。論理的には明らかだったが、わたしは、それをじっさいに観察して確かめなければならなかった。

夕方の寄り合いでは、村入りをはたしたときとちがい、わたしからもひと言述べるよう、ダンテシがお膳立てしてくれた。前もって練習したつもりだったが、失敗に終わった。

「なんだかよくわからないが、要するに暇乞いをしているわけだな」と、寄り合いの主要メンバーが言ったのだ。長い文句を述べていて、主語と述語がつながらなくなったようだ。この後は、ダンテシが後を受けて、適当に場を締めくくった。まだまだことばを勉強しなければならないな、と反省した。

十月五日、ファシラヴァ村からムルンベの町に向かう。ここで、さらに北のほうまで向かう船を見つけようとした。われわれを乗せた船が出たのは、それから三日後、八日の早朝だ。その日は、はじめて名まえを聞く土地で幕営した。そこは、人が住んでいない砂浜だったが、たき火の跡などがあり、少しだけ人里の匂いがした。われわれのように、村から村へと移動する途中で、この浜に

写真34　ラミタルカ島の浜辺。潮が干あがると、砂浜の沖に広大な礁原が広がる。写真は、潮がまだ引く前、漁獲したサメをテントサイトまでひき上げようとしているところ。1996年10月撮影。

幕営する人がいるのだろう。

九日は、ラヌパシという町まで行った。ここはそこそこに大きな町で、ムルンベ県の隣県の役場が置かれていた。ファシラヴァ村の人たちのなかにも、ここに親戚をもつ人がいた。ここでも一泊して、翌十日に、目的地のラミタルカ島に到着した。周囲が一キロメートルにも満たない、小さな島だ（写真34）。

島への旅——最後の資料収集

ラミタルカ島は無人島で、年間をとおしてここに住む人はいない。島では水が手に入らないので、ここに住むためには、マダガスカル島本土から大量に水を汲んでこなければならないのだ。いや、それ以前に、この島はドゥアニ霊の居場所となっているため、さまざまな禁忌を守らねばならない。酒を飲んだり、音楽を奏でたり、ラジオを鳴らしたりすることは、禁忌だ。浜辺で鍋や食器を洗ったり、タマリンドの木のそばで用を足したりするのも、島を汚すといってドゥアニの怒りを買う。さらに、島に多数棲息するネズミを驚かすのも禁忌である。ネズミは、人の体を噛んだり走りまわったりして安眠を妨害するほか、水の入ったポリタンクをかじって穴をあけ、キャンプ生活の継続を断念させることすらある。

このように、厳しい禁忌にもかかわらず、乾季になって天候が安定すると、ムルンベ県方面から多数の漁師がやってくる。皮肉なことだが、厳しい禁忌があるために、地元の漁師たちが長いあいだ漁をおこなわず、結果的にあらゆる水産資源が保全されていたようなのだ。ムルンベの町からラミタルカ島までは、距離にして約百キロメートル、ファシラヴァ村からは約一四〇キロメートル離れている。

ダンテシとわたしがこの島に着いたとき、数えてみると、一三五人もの人たちがこの小さな島でひしめくように暮らしていた。内訳は、男性一〇六人、女性二十人、労働力として期待されていないだろう幼児が九人だ。

このなかに、ファシラヴァ村ではじめてわたしを漁に連れていってくれたヴィトルとルシーの兄弟もいた。彼らは四人で生活し、漁に出ていた。わたしは彼らの近くにテントを張り、彼らが毎時間なにをしているか、海からどのような漁獲を得てきたかをひたすら記録した。タイム・アロケーション調査と漁獲調査をいちどにおこなうようにしたのだ。潮汐がちょうどひと巡りする十四日間、彼らのもとで調査をおこなった。

ヴィトルたちの漁はふた種類あった。ひとつは、やや沖合で魚を捕るための置き刺網漁。この漁で得た魚は、自分たちで食べるおかずにもなるし、塩干魚に保存加工して売るための商品にもなるが、もっと重要な役割として、サメを捕るための寄せ餌にもなった。この魚をもっと大きな網に括りつけ、もっと深い海域でサメを捕るための置き刺網漁をおこなう。これが、ヴィトルたちのもうひとつの漁だ。ふたつの漁を同時におこないながら、彼らは、商店に売るための魚をせっせと捕り、保存加工していた。もっとも高値で売れる商品は、フカヒレだ。これはマダガスカル国内で出回るのでなく、シンガポールや香港など、中華食材の集散地へと出荷される。

調査期間中に得られた漁獲の重量は、五九七キログラム。フカヒレの重量は八キログラムで（乾燥重量）、一パーセント少しにしかすぎない。しかしこれらを売却してみると、一九三万アリアリ（約十九万三〇〇〇円）。そのうち、フカヒレによる売りあげは、六十七パーセントにものぼるのだ。

一九三万アリアリは、ヴェズの家計にとってどれだけの価値をもつのだろうか。じつは、この金額は、ファシラヴァ村に住む彼らの両親や兄弟のすべての世帯（二十二名）の主食購入費の四ヶ月分に匹敵する。わずか二週間で四ヶ月分の収入が得られるということは、一ヶ月半のあいだラミタルカ島で漁に専念すれば、一年暮らせるだけの収入が得られることになる。

これで、ファシラヴァ村でおこなった漁獲調査の意味が、ようやく明確になった。漁師の生活は、みかたによってはとても不安定だ。しかし、この数年をみるかぎり、ビッグ・マネーを狙う漁師たちの生計戦略は、ひとまずの成功を収めている。彼らに代わって「人にとって海とはなにか」という問いに答えるとすれば、「富やチャンスをもたらしてくれる生活の場」とでもなるだろうか。

ただし、誤解のないようにつけ加えておかねばならない。ヴェズの漁師たちが海から莫大な富をひき出せるのは、彼らがつね日ごろから海に親しんでおり、海の性質を熟知しているからだ。海のことを知らなければ、海から富をひき出すことはできない。その証拠に、フカヒレを買いつける仲買人たちは、いくら利ざやが多いと知っていても、みずから海に行ってサメを捕まえることができないではないか。

だから、村で漁をおこなうことは、けっして無駄ではない。その日の食事すらまかなえないほど漁獲が少なくとも、日ごろから海に親しんでおけば、魚価がはね上がったときにチャンスをつかめる。一獲千金を狙うマダガスカルの漁師たちは、短期的な利得に左右されているようにみえるが、じつはそうではない。逆に、収支の帳尻は長期で合うと楽観できるからこそ、村でも細々と漁を続けられるのだ。遠隔地でおこなうキャンプ出漁が経済的に重要な活動とするなら、村をベースにおこなう漁撈は、経済的成功の基礎となる熟練のために重要といえる。

第五章　首都アンタナナリヴまでの道のり——調査に備える

「身をもって知る」ためには、調査地に「身を置く」こと、さらには人びとの視線に「身をさらす」ことが必要だ。それができれば、データが集まるだけでなく、あらたな問題を身体がおのずから探しだす。とはいえ、行ったこともない国で、身の置き場所をみつけるのはそう簡単ではない。本章では、調査地に近づきながら調査準備を整える手順について述べる。

本章で述べることがらは、時間的に、これまでの章の記述より遡った時点から始まる。順序が前後するわけだが、それは、本章の内容の重要性が低いためではない。調査の内容をイメージしながらでないと調査準備はできないので、読者にも、調査内容を知ってから準備のことを読んでいただきたかった次第である。

荷物の送りだしと入国

フィールド研究には、さまざまなレベルでの情報収集が必要だ。なかでも、現地に居すわって行動するための情報を集めておかなくてはならない。住み場所はどのように見つけられるのか、どのような移動手段があるか、車や船のチャーターは可能か、切符の買いかたは難しくないか。いや、そもそも、毎日の暮らしに必要な水や食料をよそ者が簡単に入手できるのか。

このように、調査地に入る前に整えるべき段取りについての情報が、調査の成否を分けることも少なくない。たとえば、自然科学系のフィールド研究では、大がかりな機材や装置を航空輸送し、通関し、さらに国内を陸上輸送させるため、輸送手続き全般に関して詳しくなっておく必要があるという。

フィールド人類学の場合には、わが身がいちばんの観測器具なので、輸送方面の知識はそれほど必要ない。それでも、一年分のノートはかなりの量にのぼるし（かつては、写真フィルムがそれ以上の量にのぼった）、長期滞在のヴィザや調査許可を得るためにお役所通いをすることもある。田舎に行けばお役所とおさらばできるが、水や食料を得るために現地の人からの協力を持続的に得なければならない場合もある。

フィールド人類学において、そのような研究開始段階での準備は、調査地に近づくにつれ、ひとつひとつ解決していったほうがよい。ある場所で長期滞在が可能になったら、さらに遠く（しばしば僻地）に入りこみ、長期滞在の手はずを整える。それが可能になれば、さらに遠くに、といった具合である。わたしの場合もそうだった。

出発前にさしあたって解決すべき問題は、荷物の送りだしと長期滞在に関するものである。荷物に関しては後述するが、原則として、最初の調査ではいろいろと欲ばらないほうがよい。大がかりな機材を用いて調査しようとはせず、体を慣らしておくことのほうが肝心だ。ちょうど、観測器具をカスタマイズするのと同じように。ただし、いつ大がかりな輸送が必要になってもかまわないように、どのような輸送手段があるかということは、つねに気にかけておいたほうがよいだろう。

わたしの場合、幸運なことに、国外輸送に関しても長期滞在に関しても、さしてわずらうことがなかった。というのも、原猿類の調査をする京大のグループに準メンバーとして加えてもらったため、京大と協定を結ぶ現地機関に協力してもらえたからである。このグループのリーダーは、わたしが勉強していたアフリカセンターの小山直樹さん（当時教授）で、一九八八年にワオキツネザルの社会や生態を調査して以来、マダガスカルの研究機関と協定を結んでいた。

日本のマダガスカル大使館は、昔も今も、有効期間三ヶ月のヴィザしか発行してくれない。これを延長するためには、マダガスカルに足を踏みいれてからいくつかの役所に通わなければならない。一般的にはまず内務省に通うのだが、毎日のように足しげく通ってもなかなか滞在許可が下りず、ヴィザが切れる寸前に国外に出て、現地の大使館であらためてヴィザを発給してもらわなければならないと聞く。

ところが小山さんは、動植物学者の多い高等教育省チンバザザ動植物園と研究協定を結んでいたため、高等教育省のスタッフがヴィザ発給の手続きを助けてくれた。この場合には外務省がヴィザを下ろしてくれるそうで、手続きも内務省経由よりはるかに簡便だという。おまけに、手続き中にパスポートを預けてもそれに代わる証明書を発行してくれるから、発給中も調査に専念できる。わたしの場合、一九九四年九月～翌九五年三月（六ヶ月間）と、一九九五年九月～翌九六年十二月

（十五ヶ月間）という長期のヴィザを、この方法でとってもらった。

　協定相手機関のスタッフは、荷物の送りだしでも協力してくれた。わたしが日本から送りだしたのは、プラスチック製で収納ケースに似た青色コンテナである。当時、家庭でも収納ケースが普及しはじめた頃だったと思うが、アフリカセンターでは、青色コンテナを毎年のように消耗品として大量購入していた。これは、ロジスティクス（兵站、物流管理）が研究の成否を分けた往時のアフリカ研究の名残りだろう。いまは、コンテナで荷物を送らなくとも、かなりの物資が現地で調達できる。とはいえわたしも、二回めの調査のときは、キャンプ用品一式など、コンテナ二個分を別送手荷物として日本から送りだした。日本での輸出手続きは運送業者がやってくれるが、マダガスカル側での通関手続きは空港でおこなわなければならない。このとき、協定相手機関のスタッフが通関手続きをやってくれたため、わたしと小山さんは空港に着くとすぐホテルに向かい、翌日にチンバザザ動物園に挨拶するとすぐに荷物を受けとれた。

　このように、ロジスティクスの簡便化のため、日本のアフリカ研究者はしばしば研究協定を結んでいる。近年になって、わたしも研究機関を代表して協定を結ぶという経験をしたが、相手側の要求に答えることはなかなかたいへんだ。とくに、学生の教育を目的として物心両面で援助を求められるのはなかなかつらい。研究仲間が増えるのはよいのだが、こちらが選んだ学生ではないし、学生のトレーニングにあてられる時間は、貴重な調査日数のなかではかぎられる。小山さん自身も、こうした問題には頭を抱えていたはずだ。はじめての調査から二十年経って、学生の身分は気楽だったとつくづく身につまされる。

フィールド人類学者にとってのロジスティクス

小山さんと一緒に行動すれば多くの問題が解決するが、いつも小山さんに頼ってばかりはいられない。わたしと小山さんの大きなちがいは、小山さんの関心対象がキツネザルだったのに対し、わたしの関心対象が人間だったことにある。

逆説的なようだが、キツネザルの研究で困ったときには、周りの人たちに助けてもらいやすい。小山さんの場合には、英語をしゃべれる人たちが調査地に何人かいて、困ったときにはそういう人たちを当てにすることができた。別の言いかたをするなら、小山さんたちは、研究をサポートしてくれる人脈から遠く離れない範囲内で、キツネザルのいる調査地を見つけていたのである。このやりかたは、いわば動物学者的である。

人の社会や行動を調査する場合には、そうはいかない。サポート人脈（わたしの場合には小山さんの人脈）をあまり当てにしすぎると、いつまでたってもよそ者あつかいされてしまい、ほんとうに仲よくすべき人たちと親しくなれないのである。だから単身で調査地に乗りこんでいくわけだが、まったく準備なしに乗りこんでいくと、ことばもしゃべれない外国人が何をしに来たんだということになって、やはりうまくいかない。

むしろフィールド人類学者は、長い時間をかけて少しずつ既存のサポート人脈から遠ざかるいっぽうで、調査地でまったく別のあたらしいサポート人脈を築いていき、ついには調査地の人間に頼るだけで、いろいろな問題を解決できるようになる。あるいは、このようにも言えるだろう。前項で述べたように、フィールド人類学者は、調査地に近づきながら、研究開始のための段取りをひとつひとつ整えていく。そのことによって、調査地の人間を頼れるようにしていく。

このように現地であたらしく築くサポート人脈こそ、フィールド人類学者が真に頼るべき人脈である。前項では、ロジスティクスということばをたんに荷物輸送の意味に用いた。しかし実際のフィールドでは、派遣元からフィールドに物資を運ぶのでなく、赴任先でサポート人脈を築き、現地で物資を調達しなければならないことが多い。フィールド人類学者にとって、ロジスティクスは確保するものではなく、あらたに築くものなのだ。

このように自力でサポート人脈を築いた人たちは、わたしの周りにもたくさんいた。しかし彼らは、マダガスカルでそれをおこなったわけではない。彼らからも学べることは多いが、これからマダガスカルで仕事をしていくうえでは、マダガスカルで同様の努力をした人たちからこそ学ばなければならなかった。

日本の研究者のなかに、当時、そうした人が少なくとも二人いた。東京外国語大学の深澤秀夫さんと、広島市立大学（現在は東京大学）の森山工さんである。二人はいずれも、留学生として首都アンタナナリヴを足場としながらマダガスカル語を学び、少しずつ足場を移行させながら、最終的には村落部でも集中的な調査研究をおこなった。これからマダガスカルの漁村で調査をおこなおうとするわたしにとって、これ以上の先達はないといってよかった。小山さんもそのことをよくわかっていたから、マダガスカルで調査したいというわたしの意向を聞いた直後、二人に連絡をとるように勧めてくれた。

当時、インターネットは普及しはじめていたが、わたしは電子メールを使っていなかったので、まず深澤さんと森山さんに手紙を書いて接触した。その結果お返事をいただき、一九九三年春の日本アフリカ学会のおりに初めてお二人にご挨拶した。

学会の懇親会が終わった後で、さまざまなお話を聞くことができた。まずは研究動向である。ヴェズをはじめとするマダガスカル南西部の民族について、まとまった民族誌を紹介してもらい、入手するよう指示を受けた。入手しにくいものはコピーさせてもらった。また、わたしのいうロジスティクス、すなわち現地での人脈構築についてもアドバイスをいただいた。日本でマダガスカル語を習得する必要はないが、現地での習得のためフランス語を学習せよということ、また、マラリアに注意せよということを何度も強調された。言語と健康の二つに関しては、後で詳しく述べようと思う。

当時、わたしには渡航資金の当てがなかったから、アルバイトで資金を貯めることも想定し、どれくらいの金が必要かと深澤さんたちに尋ねた。これについて彼らは、さまざまなグレードのホテルの一泊料金の目安を示し、食事や移動にどれくらいのお金がかかるかを教えてくれた。また、田舎に行ったらうんと生活費が安くなるが、最初のうちは米を町で買って持っていったほうがよいとも忠告してくれた。いずれも、調査地に近づきつつ自力で人間関係を築くうえで、かけがえのない手がかり情報となった。

ロジスティクスとは別に、フィールドワークの一般的な心構えもいくつか聞いた。いまだに覚えていることのひとつに、三という数字に気をつけよということがある。フィールドに入って経過した時間が三日、ないし三週間、三ヶ月経ったときには、気が緩んだり滅入ったりするから注意せよというのである。

わたしの経験からいうと、仕事の目標を一日、一週間、一ヶ月などを目途に立てようとすることが多いから、その三倍の時間をかけても達成できない場合、時間を浪費した気がして焦ることが多いのではないかと思う。たいていの場合、目標の設定に無理があることも多いのだが、フィールドワークに慣れていない時期には、自分の能力不足のように感じてしまうのだ。フィールドワークにさいしては、なにごとにも焦らず、自信を失わないようにすることが肝心だ。

深澤さんはほかにも、マダガスカルの民族性についての口コミ的な評判も披露してくれた。わたしが仲よくなろうと思っているヴェズについては――

「悪い評判はないが、美人が多いらしいから気をつけろ」

わたしの印象によると、ヴェズ女性は、マダガスカルの他の女性に較べてきわだって美しいわけではない。ただ、ヴェズ男性は、美人に対して積極的にアプローチをかける傾向にあると思う。こうした行動は、中央高地のマダガスカル人からみると、はしたないようにみえるだろう。だから深澤さんの言ったことばは、ヴェズ女性に対する称賛というより、ヴェズ男性にむけての戒めではないかと思う。それは同時に、ヴェズ社会に入ろうとする男性にむけての戒めでもある。そこでわたしは、深澤さんの忠告を読みかえ、女性に熱をあげるのではなく、勉学への志を失うなと肝に銘じることにした。

渡航資金

前項で述べたように、深澤さんは、マダガスカルで滞在するために必要な資金の目安を教えてくれた。しかし、その渡航資金の確保は、出国前に終えておかなければならない。これについては、今も昔も多くの学生が苦労しているようだ。大まかにいえば、研究室の運営費と助成金、アルバイトの三つを組みあわせて、多くの若者たちが海外に雄飛している。

研究室の運営費というのは、指導教員が獲得した研究費（科学研究費補助金や民間財団からの助成）や、先端的な教育研究に関わるプログラム（グローバルＣＯＥなど）の運営費などがある。これを得るためには、自分のテーマに合った指導教員を大学院進学時に選んでおかなければならない。もっとも、フィールド調査をおこなうのが修士課程のときか博士後期課程のときかで話はちがうし、指導教員の方針によっては研究室の運営費を回してもらえるとはかぎらない。

わたしの指導教員の市川さんは、先にも書いたように、旧ザイールからコンゴ、カメルーンへと調査地を移しながら、ピグミー系狩猟採集民を調査してきた。その調査のために市川さんが獲得した資金の一部は、関連したテーマを研究する学生にも回された。これが可能だったのは、アフリカ地域の物価が日本よりはるかに安かったためと、大学院生の数が少なかったためだろう。わたしはカメルーンより先にマダガスカルに興味をもったので、彼のチームに入ることはなかった。そのかわり、自力で資金を工面しなければならなかった。

さいわい、博士後期課程の学生に対しては、日本学術振興会が特別研究員という制度を設けていた。これは、すぐれた研究計画を提案した学生に月給を給付し、年間の研究費まで支給するという制度だ。大学院に進学して二年め、たしか五月頃だったが、これに申請するための書類を必死になって作成した。当時は、申請書を手書きする場合がまだ多かったため、申請書には一字一字を書き入れるマス目が印刷されていた。ワープロ印字で審査者の心証をよくすることをたいていの学生が考えていたと思うが、申請書のマス目から印字がずれないようにするために、何度も試行錯誤しなければならなかった。紙送り性能の悪いプリンタに用紙を挿しこみ、プリンタが動きだすときは、神に祈る気持ちだった。

ありがたいことに書類は審査で合格し、面接にまでこぎつけた。面接時には、ポイントの大きな字をコピー紙に印刷して模造紙にべたべた貼りつけ、発表用ポスターを作成した。パワーポイント・スライドは、まだ普及していなかった。わたしのポスターは見苦しかったとは思うが、それでも手書きポスターよりは見やすく、進化形と認められたはずだ。ポスターのおかげかどうかはわからないが、面接も首尾よく通過し、博士後期課程に進学した一九九四年四月から、わたしは日本学術振興会の特別研究員として研究資金を得ることができた。

こうした次第でわたしは、小山さんというサポート人脈だけでなく、研究資金にも恵まれた。研究費や滞在費のほとんどは、学術振興会から出していただいたことになるわけだ。しかしほかにも、同じマダガスカルで研究するよしみで、小山さんからも滞在費の一部を支援していただいた。その見返りとして、わたしは、調査地近辺でキツネザルの生息情報を聞きこむことになった。

わたしが特別研究員に採用されてから、この原稿を書いている時点まで、ほぼ二十年の歳月が経っている。この間に文部科学省は、知識基盤社会を維持するという名目で、特別研究員の枠を大幅に拡大した。しかしいっぽう、大学院生の数も増えているため、特別研究員に採用される者が幸運であることには変わりない。多くの大学院生は、海外調査をおこなうため、民間の財団や大学に対して研究助成を申請したり、学内外でアルバイトをおこなったりして、自助努力を続けている。

とはいえ、マダガスカルは依然として、経済的に調査しやすい国である。物価が安いのだ。その背景としては、南北格差という、国際経済の暗い問題が横たわっている。この問題から目を背けるべきではないが、事実として、南北格差はマダガスカルのフィールド研究を国際レベルで活性化している。

二十年間の変化を、物価という点からみてみよう。マダガスカルの通貨をアリアリという。これは、アラブ諸国や旧ポルトガル植民地で用いられている通貨単位「リアル」と同語源らしい。たとえば国道沿いの安食堂でご飯とシチューのセットを頼むと、一九九四年頃には三百～三五〇アリアリだったのが、二〇一三年には三千アリアリていどになった。清潔になって味もよくなったが、約十倍である。首都アンタナナリヴ市内の乗りあいバスも、四十アリアリから三百アリアリになった。アンタナナリヴから南西地域圏の都市トゥリアラまで長距離バスで行くと、かつては七八〇〇アリアリだったのが今は三万七〇〇〇アリアリ（二〇一四年現在）である。ほぼ五倍の物価上昇だ。

物価は上昇しているが、実のところ、海外からの研究者にはたいして影響しない。為替レートも変動するからである。とくにこの二十年間は、アリアリが下落しただけでなく円も上昇した。一九九四年当時、〇・一〜〇・一五円ていどだった一アリアリは、二〇一三年現在では〇・〇四〜〇・〇五円ていどになっている。物価の上昇幅ほどの大きな変化ではないが、それでも二百円出せば、安食堂で昼飯を食っておお釣りがくる。これからマダガスカルは、国家経済の指標でみても豊かになると予想されるから、この先どうなるかはわからない。しかし、こうした経済条件がフィールドワークのありかたを左右することは、あらためて強調しておきたい。

装備について

一九九四年のフィールドノートを見ると、日本を出た翌日（アンタナナリヴに着いた日）のページに、携行品のリストが記されている。のちのちの参考として書きとめておいたもののようだ。これを書きだしたのが、表5だ。

フィールドノートには、付記として、その時に気づいた「忘れもの」も列挙されている。缶切り、

表5　1994年調査時に携行した物品

着てきたもの	Tシャツ、パンツ、靴下、ジーパン、ベルト、フィッシングベスト、時計、財布（ポケットに入れて携行するもの、および防犯用に服のなかに入れておくもの）、トレッキング・シューズ
貴重品	パスポート、トラベラーズ・チェック、国際運転免許証、海外旅行保険手帳
かばん類	スーツケース、デイパック、スーツケースベルト
衣類	ジーパン、ショートパンツ、作業用ズボン、ジャージ下、スーツ上下、半袖シャツ、長袖シャツ、トレーナー、セーター、靴下、アンダーパンツ、海水パンツ、ネクタイ、Tシャツ、タオル、スパッツ（靴カバー）、軍手
衛生用品	医薬品、脱脂綿、爪切り、耳かき、体温計、コンドーム、日焼けどめ、シェーバー、注射器（針付き、五ミリリットルと三ミリリットル）、石鹸、歯みがきセット、ポイズンリムーバー（毒の吸いだし器）、サングラス
食器	マグカップ、コッヘル、ポリタンク（3リットル）、燃料ボトル（1.5リットル）、調理用ストーブ（灯油使用）、じょうご、メタチューブ（燃料）、まな板、刺身包丁、出刃包丁、しょうゆ、わさび
キャンプ用品	テント、シュラフ（寝袋）
海用品	マスク、シュノーケル、釣りブーツまたは地下足袋、ダイバー用ログブック、イカ餌木
書籍など	ヴェズに関する民族誌、魚図鑑、魚料理の本、文庫本（沢木耕太郎『深夜特急』と宮本常一『日本文化の形成』）、フランス語文法書、会話集、仏和-和仏辞書、英和-和英辞書、マダガスカル地図
調査用具	測量用ノート、クロッキー帳、鉛筆、ペン（黒と赤）、テープレコーダー、オーディオテープ、一眼レフカメラ、交換用レンズ、コンパクトカメラ、フィルム、ブロワー、レンズ拭き、双眼鏡、コンパス（方位磁針）
その他	自転車荷台用ゴムロープ、洗濯ひも、洗濯用ネット、洗濯ばさみ、はさみ、海外用プラグ、水ボイラー、ラジオ、イヤホン、南京錠、チェーンロック、アーミーナイフ、書類クリップ、ねじ釘式フック、ボタン電池、単三電池、書類ケース、住所録、ザックカバー

鉛筆キャップ、カッターシャツ、言語調査表の四つである。鉛筆キャップはなしですまし、缶切りとカッターシャツは現地で調達したように思う。「言語調査表」というのは、あまり知られていない言語の語彙を収集するさいに用いる語彙リストである（東京外国語大学アジア・アフリカ言語文化研究所編『アジア・アフリカ言語調査票』一九六七年）。

二回めの調査（本調査）のときには、ばねばかりや巻尺（メジャー）、記録用下敷き、ガムテープ、ビーチサンダル、雨具、名刺なども持っていったように思う。現在であればこれに加えて、パソコンや周辺機器、ビデオカメラ、携帯電話、ＧＰＳ、各種バッテリーなどが加わるだろう。テープレコーダーはＩＣレコーダーに置きかえるべきである。バッテリーや充電器には、とくに注意したい。わたしの調査地には電気会社による電気供給がないので、バッテリーをかならず複数持っていく。そうすると、どのバッテリーが充電済みでどれが未充電か、わからなくなりやすい。バッテリーのケースはたいてい透明なので、表に「充電済み」裏に「未充電」などと書いた小さな紙片を挟みこんでおくと、混乱が少ない。

足りないものが多かったとはいえ、一回めの調査の装備は、なんとも大げさである。しかし、マダガスカルではこの当時、単一電池はあったが耐久性が低かったし、単三電池もなかった。医療機関では二次感染に対する意識が低く、注射器ももって行ったほうがよいといわれていた。コンドームを積極的に使おうとは思わなかったが、日本製以外のものを使って後悔するより、もって行ったほうがよいと先輩が忠告してくれた。日本の要人に会うかもしれないからと、スーツ持参も勧められた。

こうした消耗品は、現在ならば、マダガスカルでも質のよいものが手に入る。携帯電話なども、通話会社ごとにロックをかけた日本製より、現地で買ったもののほうが使いやすい。アウトドア用品をあつかうショップも、マダガスカルなら知る人ぞ知るで、探しだすのも不可能ではない。

苦労して携行したが当時でも無意味だったものとしては、調理用ストーブがある。現地で買った灯油を入れたところ、不純物が多かったためか目詰まりしてしまい、すぐに使えなくなってしまったのである。

なお、メタチューブは、現在ならば危険物に含まれ、飛行機で運ぶことは許されないはずである。はさみやナイフ、包丁などの刃物も機内持ちこみできないため、スーツケースに入れておく必要がある。

健康——とくにマラリアについて

マラリアに注意せよという深澤さんの助言は、健康一般について厳重に注意せよということとほぼ同義である。このことについてわたしは、マダガスカルをフィールドに選ぶ以前から、アフリカセンターの先輩の助言を受けていた。彼らによると、フィールドを選ぶ前に、乾いたところに住むか湿ったところに住むかを決めておいたほうがよいという。

乾いたところは病気が少ない。しかし飲み水に不自由することが多く、食材に乏しいので食生活が単調になりがちである。湿ったところでは反対に、病気が多いものの、食材が豊かで食生活になじめないということは少ない。どちらにも一長一短があり、病気が少なく食事もうまいということはありえない。こうした「究極の選択」は、衛生も食も管理された日本では見すごされがちである。

わたしはこの忠告をけっこうまじめに受けとり、しばらくのあいだ反芻していたが、やがて乾いたところに住むことを選んだ。わたしは大学時代、粗食に耐えるという評価を仲間から受けており、牛馬なみにあつかわれていた。これはどちらかというと消化能力についての評価だったが、嗜好的にも食事についての許容範囲は広く、なんでも食えるという自信はあった。仲間たちとキャンプしたとき、鍋の周りに残ったおかずに焦げついた飯を入れて食うのはきまってわたしで、理学部でシデムシを研究していた仲間からは「スカベンジャー（生態的地位を示す術語で、屍肉をあさる分解者）」の称号を受けた。

とはいえ、乾いたところに住んだからといって病気の心配がまったくなくなるわけではない。じっさいにわたしは、一九九六年の三月、雨量は少ないが水はけの悪いトゥリアラの町で、蚊に刺されてマラリアにかかった。発症したのは四月の初めで、交通の便の悪いところで調査していたときだった。最初は微熱があるていどだったが、町で療養しようと思って帆かけの漁船で海に揺られているうち、どんどん熱があがってきた。週に二回飛行機が来るムルンベに着いたときには、熱が四十度一分にまで達していた。さいわい、着いた翌日にアンタナナリヴに向かう便があったので、すぐさま座席を予約した。さらにさいわいなことに、倒れこんだホテルの経営者は医者でもあった。

夜になって彼が来て、ふらふらになったわたしのようすを見、症状が悪化する経過を聞いて、マラリアだろうと断言した。

アンタナナリヴに着いて、日本人を頼ろうと一時は思ったが、休日のため、電話に出てもらえる可能性は少ないと思ってやめにした。飛行機に乗る前、医者が軍隊病院に行けと勧めてくれたので、そこに行くようタクシーの運転手に懇願した。あとで日本人に聞けばもっとましな病院があって、そこに行けば少ない所持金を財布から抜きとられることもなかっただろうが（抜きとられたのは風呂のさいちゅうだった）、盗られた金額を加えても治療費は安くすんだ。ただし、値段だけで病院を選ぶのが危険なことだけは強調しておきたい。

病院で点滴を受けるとき、その注射針はディスポーサブルか、使い捨てのあたらしい針なのかとうるさく聞いた。看護士はそうだと答えただけで、証拠を見せたわけではなかったが、わたしは点滴用の注射針まで持ってはいなかったので、それ以上聞かなかった。たぶん、看護士の言はほんとうだったのだろう。しかし、医療面での安全性に不安がある場合には、荷物にはなるが点滴用の針も出国前に入手しておくことをお勧めしたい。

さいわいにしてわたしは比較的早く快復し、六日後に退院した。入院中、大使館の医務官がようすを見にきたとき、院内をうろうろしている便利屋に言いつけて弁当をとり寄せたところだった。たしか、病院では病院食のサービスがなく、多くの患者は家族に食事をさし入れてもらっていたと思う。わたしがとり寄せた弁当は、安くなかったがうまかった。軟らかいビーフシチューを白飯にかけて食べるわたしを見て、医務官は多くを語らず帰っていった。

マラリアを予防するためには、予防薬を呑んでおくのがよい。わたしがマラリアにかかった時代には、メフロキン（商品名メファキン）あるいはクロロキン（商品名ニヴァキン）という錠剤を毎週呑むことが推奨されていた。しかしいずれも副作用があり、メフロキンでは幻覚作用、クロロキンでは網膜障碍などが報告されている。メフロキンは高価なので、わたしはクロロキンだけを気がむいたときだけ呑むことにしていた。しかし、どんな錠剤でも処方どおりに飲まなければ効果がないし、進化のテンポが速いマラリア原虫は、よく用いられる薬に対して耐性をもつようになっていく。このため、効果的にマラリアを予防するためには、薬剤に関する最新情報を仕入れて比較しなくてはならない。

健康——予防注射と経口感染症、保険について

ウイルス性や細菌性の病気に対しては、予防注射がある。わたしは渡航に先だって、狂犬病と破傷風の予防注射を受けていた。これらの予防注射を受けるかどうかは任意だが、アフリカ大陸部では、黄熱病の予防注射を受けたという証明（イエローカード）の提示を求められることがある。空港で注射を受けられる場合もあるが、接種が完了するまで空港で数日足止めを食らうことになるし、注射のサービスが空港にない場合にはそのまま飛行機で送還されるかもしれない。事前にしっかり確認しておかなければならない。

予防注射はどこでも受けられるわけではなく、かぎられた医療機関にしかワクチンはない。おまけに、初めての渡航で複数の予防注射を受ける場合には、副作用を避けるため、じゅうぶんな時間間隔を置いて注射をひとつひとつ受けなければならない。だから、渡航のめどがついたら、すぐに予防注射を受けはじめるくらいの心構えをしたほうがよい。おまけに、出発が近づくと、準備することが多すぎて医療機関に行けなくなることがある。わたしの場合も、A型肝炎の予防注射を受けるのを忘れてしまい、出国当日にそのことを思いだした。さいわい、マダガスカルの日本大使館で予防注射を受けることができたが、旅行者の少ない時代に好意でやっていただいたことなので、そういうサービスを当然のものとして期待してはいけない。

このほか注意したいのは、経口感染によるウイルス症と食あたりだ。コレラは流行するとニュースになるので警戒しやすいが、A型肝炎やウイルス性腸炎には常時気をつけていなくてはならない。予防の基本は、不衛生な食器を使う店や道端のスナック類を避けることだ。生野菜も避けるようにする。わたしの経験では、都市部のほうでリスクが高い。じっさいには、長期の滞在では警戒を解かざるをえないこともあるが、目的国に着いて一ヶ月間は、とくに厳重に不衛生なものを避けたほうがよいと思う。わたしの場合、一ヶ月も経てば、リスクの低い村落部でなら問題なく食事できるようになるし、食事の良し悪しを見分けるセンスも思いだすようになる。

村落部で毎日をすごしていると、夜は早く眠るし健康的で、体調の不良は少ない。ところが町に出ると、夜ふかししたり食べすぎたりするためか、下痢を起こしやすい。こうした下痢は発熱をと

表6　医薬品携行リスト

内服薬	抗生物質、下痢止め、整腸剤、マラリア予防薬、マラリア治療薬、解熱剤、風邪薬
外用薬	消毒液（イソジンなど）、抗生物質軟膏、ガーゼ、包帯、バンドエイド、虫刺され薬、点眼抗生物質

もなわず、悪いものが体外に出れば治ることが多いので、わたしは放置するようにしている。しかし、バス旅行などをしているさいちゅうには、下痢止めを呑んだほうがよいだろう。下痢だけでなく発熱や嘔吐をともなうときは、感染症を疑い、抗生物質を呑んだほうがよい。抗生物質は種類によって効きめがちがうし、薬局にも売っていないから、日本で知りあいの医者に相談しておいたほうがよいだろう。

かくして、医療サービスを期待できない場所で行動するフィールド人類学者は、少なからぬ医薬品を携行することになる。表6は、最低限のリストである。

以上の薬や常備品をまとめて食品タッパーに入れて、他の荷物と混じらないようにした。小さなものが多いので、他の荷物に紛れると探すのが厄介である。

最後に、保険についてひとこと述べておこう。海外旅行保険は生命保険とちがうので、死亡したときの保険金が多額である必要はない。しかし、現地で病気になったときの緊急輸送費や入院費、救援者費用が無制限に支給されるよう、保険料をけちってはいけない。

じつをいうとわたしは、就職して海外旅行保険つきのクレジットカードを持つようになってからしばらくのあいだ、別途に海外旅行保険をかけることをしなかった。しかし万が一の場合、これではじゅうぶんな保険金がおりない。わたしのよく知っているフィールド人類学者がケニア村落部で脳梗塞にかかり、南アフリカまでチャーター便で輸送されたという話を聞いたとき、クレジットカードでは不足だと気づいて背筋が寒くなった。

ケニアの首都ナイロビならば医療サービスが充実しているように思うが、バイパス手術のように高度な処置をおこなうには、やはり十分でないのだ。万が一の場合に備えて、最高の医療処置を受けられるよう、手厚い保険をかけたほうがよい。これは年齢や経験に関係ない。病気にかかることがなければ、保険料のことは忘れてしまってよい。保険とはそういうものである。

調査のためのことば

フィールド人類学では、調査地でサポート人脈を築くことが、ロジスティクスの整備を意味する。そのための能力のうち、かなりの部分は、調査地の言語で交渉する能力にほかならない。それだけでなく、言語の習得は、身体をフィールド測定具として磨いていくうえで不可欠である。言語によるはたらきかけを通してこそ、調査地の人びとは調査者にさまざまな反応を示してくれるからだ。フィールド人類学の調査では、調査者の発話に対する反応が、かけがえのないデータとなる。

しかも、言語の習得は出発前から始まって、フィールドに近づくたびにあたらしい局面を迎え、さらなる言語習得の必要性を痛感させる。場合によっては、長期の調査が終わっても言語の習得は終わらず、調査回数を重ねるたびに言語能力の水準が向上していく。わたしの場合もそうである。深澤さんにしろ森山さんにしろ、マダガスカルで経験を積んだフィールド人類学者は、フランス語とマダガスカル語の両方において堪能である。わたしは、調査を始めて二十年経った今でも、二人に肩を並べる自信がない。しかし、わたしの言語能力に向上がなかったわけではないし、最初に較べると比較にならないくらい複雑な交渉ができるようになったと思う。言語はかくも奥深いものであり、調査をつうじて、いや研究人生をつうじて磨きつづけるべきものなのだ。

わたしの場合は、深澤さんの助言にしたがい、マダガスカル語を後回しにしてまずフランス語から学びはじめた。さいわい京都では、関西日仏学館に行けばネイティヴのフランス語教師がいたので、月謝を払ってそこに通うかたわら、教本でも独習した。日仏学館には半年ほど通ったと思う。深澤さんに教えてもらったマダガスカルの民族誌も、フランス語で書かれたものがほとんどだった。その読解は遅々として進まなかったが、フランス語の向上のためには効果があったと思う。研究のための文献渉猟にもなるから、一石二鳥である。

にわか仕込みのあやしいフランス語を数少ない武器として、一九九四年九月十七日、わたしは日本を後にした。その日はシンガポールで飛行機を乗りかえ、モーリシャスに二泊した。十九日、モーリシャスからアンタナナリヴに向かう機中で、わたしは最初のマダガスカル語の手ほどきを受けたようだ。この日の記録をみると、「これはなに?」「どこ」「わたしは行く」などといった短い文章（フレーズ）が、フランス語とマダガスカル語の対訳でいくつか列挙されている。飛行機で隣りあった人（おそらくマダガスカル人）から、フランス語をとおしてマダガスカル語を習ったようなのだ。

書きとめたフレーズをみると、『地球の歩き方』といった旅行ガイドブックにあるようなサバイバル会話集になっていることがわかる。たまたま行きあった人に習うことばは、教える側の力量にもよるが、このようなサバイバル会話であることが多い。文法の説明をそれほど重視しなくとも重要な表現として応用できるからだ。

そして、その翌々日の九月二十一日。アンタナナリヴにおち着いて散歩に出たくなり、人の多い場所をうろうろしているとき、路上で物乞いをするためにとり囲んできた子どもたちを相手に、またマダガスカル語を習った。このときには、体の部位の名称や衣服の呼びかたがいろいろ記録されている。物乞いの子どもたちは好奇心旺盛で、ある意味で時間をもて余しているから、わたしのような旅行者につき合ってくれるのである。意地の悪いことに、わたしは子どもたちをからかいながらさまざまな単語を習い、最後にようやく、道ばたで売っていた汁かけごはんをふるまった。わたしもついでに味見をしたようだ。現在であれば、入国直後には道ばたの安い食事を警戒するわたしだが、この頃は無防備だったのである。

このときにわたしをとり囲んだ子どもたちのうち、三人ほどは今でも顔を思いだせる。彼らに会ったのはこのときだけでなく、アンタナナリヴに来て同じ場所を通るたびに顔を合わせた。二十年経ったいまでも、二人が同じ場所を縄張りとしていて、わたしを見ると声をかけてくる。彼らはいまや物乞いでなく、キリスト教会が出版した地図や辞書などを安く仕入れ、道ばたで観光客に売りつけて生計を立てている。しかし、昔とちがって妻子がいるため、生活の苦しさに変わりはない。だからわたしも、久しぶりに会ったときには紙幣を握らせるようにしている。なにしろ、身寄りのない時代に助けてくれた友人なのだから。

さらに翌々日の九月二十三日、マダガスカル最初の週末を控えた金曜日。この日にわたしは、深澤さんから会うよう指示されていたラクトゥマラさんに面会した。深澤さんは、マダガスカル語の家庭教師を彼自身に頼むか、だめなら彼に紹介してもらうようわたしに勧めていた。

ラクトゥマラさんは、日本万国博覧会の年に来日したおり、社会人類学の古典となった当時のベストセラー『タテ社会の人間関係』（講談社、一九六七）を読んで日本社会に興味をもち、ついには留学生として来日した人である。東南アジアからマダガスカルへの移住史がおもな研究テーマで、そのアプローチは航海術や言語、口頭伝承などと多彩である。航海術に関しては、ヴェズの漁船をみずから製作した経験をもち、日本語による著作もある（ラクトゥマラ「マダガスカルの船――アウトリガー」『自然と文化そしてことば 二』葫蘆舎、二〇〇六）。ヴェズの社会を研究しようとするわたしにとって、彼以上の指南役は考えられなかった。

彼は、海のものとも山のものともつかない日本からの学生をこころよく迎えてくれただけでなく、日本人のマダガスカル語学習を支援するプログラムを開発したいといって、積極的にわたしを指導してくれた。当時ラクトゥマラさんは、アンタナナリヴ市内で日本語教室を開いており、マダガスカル人の日本語学習についてはすでに実績をもっていた。双方向から国際関係を築いていく彼のやりかたには、学ぶべきことが多かった。

わたしはラクトゥマララさんのもとで、約一ヶ月間、標準マダガスカル語を学んだ。もちろん、こうしたわずかな期間では、初学者が文法の全容をつかみきることなどできない。ラクトゥマララさんが教えてくれたのは、基本的な語彙を別とすれば、文に出てくる要素（品詞など）の目星をつける術と、動詞の原形を推定して辞書をひくための術だった。どんな言語についてもいえることだが、活用をほどこした動詞から原形を推定するのは容易ではない。

一ヶ月のあいだ、わたしはラクトゥマララさんが出した宿題をこなしながら、買った文法書や辞書を読んで文法知識や語彙を増やしていった。同時に、フランス語にも慣れていった。小山さんの協定相手であるチンバザザ動植物園の職員が紹介してくれた小さな宿は、フランス語会話の習得に打ってつけだった。

その宿は、フランス人男性とマダガスカル人女性のカップルが経営していて、宿泊客は朝夕に大きなテーブルを囲んで食事することになっていた。とくに夕食どきには、「オ・タブロー（食卓にお着きなさい）」という女主人の呼びかけを合図に宿泊客が集まり、スープから始まってデザートまですべて、大皿を回してとり分けることになっていた。女主人や常連客は、ときどきわたしに発言を求めた。聞き返すことがほとんどだったと思うが、その後に会話力を伸ばすためのよいトレーニングになった。

首都での人脈づくり

身寄りのない町に飛びこんだわたしだったが、か細い人脈を頼るうち、少しずつ知人が増えていった。これは、わたしがとりたてて社交的だったからではない。アンタナナリヴの町では、言語習得のきっかけをつかむこと以上の滞在目的を定めず、のんびり暮らした。さいわい都市の住民たちは、周囲に多大な迷惑をかけるのでないかぎり、よそ者を許容してくれた。そのことが結果的に、か細い人脈を太く広く育てていった。しかもアンタナナリヴの人脈は、ヴェズたちの住むトゥリアラの町にまで広がっていた。

まずわたしは、日本大使館に長期滞在届を提出し、わたし宛てに届いた手紙を留めおいてもらうよう依頼に行った。いまから考えると、これは、マダガスカルの日本人社会が小さいためにできたことだと思う。大使館の業務のひとつに邦人の安全確保があるが、通信の便宜をはかることまで含まれているとは思えない。ましてや、外交でもビジネスでもない目的で滞在する学生にまで、大使館が責任をもってくれるはずがない。しかし当時は、少なくとも外目には、それに近いことがおこなわれていたのである。

わたしが大使館に行くたび、専門調査員の人が顔を出して、つかの間の相手をしてくれた。そして帰りにかならず、わたしは受付窓口にたち寄り、わたし宛ての手紙が届いていないかを尋ねた。もし館員以外の手紙が多ければ、窓口の人も、こんな質問にいちいち答えてはくれなかっただろう。わたしはまさしく、多大な迷惑をかけないかぎりにおいて、存在を許容されていたのだ。

そんなふうにして大使館を訪れ、時おり在留邦人と顔を合わせるうち、日本人会の大きな集まりがあると、専門調査員から声をかけてもらえるようになった。機会を重ねるうち、日本大使館員や国際協力事業団（JICA）専門家にも顔なじみが増えた。そうして得た知人のなかに、森忠士さんという漁業援助の専門家がいる。彼は、ヴェズの多いトゥリアラの町で仕事をしたことがあり、その町にある国の出先機関の職員も紹介してくれた。森さんのおかげで、わたしは、トゥリアラ州内の漁村を訪ねあるく便宜を得ることができた（第二章参照）。

また、日系の建設会社に勤めているトゥリアラ出身者にも、日本人ネットワークをたどってお話しすることができた。彼のことはアフリカセンターの小山さんも知っており、機会があれば会うよう勧めてくれていた。じっさいのところ商社に行く機会などなかなかなく、ご本人も日本人の集まりには来られなかったのだが、わたしがアンタナナリヴを離れる計画が具体化した頃、お目にかかることができた。

トゥリアラ出身とはいえ、彼自身は漁民でないのだから、得られた情報はわずかなものだった。しかし、町でも多数の漁師がいることは確かなようだった。あとは自分の目で見て確かめようという気になった。ささいな情報であっても、手がかりが少しずつ増えていくのは嬉しい体験だ。

日本人のつながり以外には、ラクトゥマラさんの日本語学校でも友人が増えた。最初のアンタナナリヴ滞在ではなく、トゥリアラ方面に行って帰ってからの滞在のときだと思う。ラクトゥマラさんに面会しようとして日本語学校を通りかかったとき、マダガスカル語で自己紹介させられ、日本語の手本を話すよう求められた。それがきっかけになって、郊外へピクニックに行くのにも誘われたことがある。ほとんどが大学生でわたしより年下だったと思うが、みんなパーティー遊びや楽器の演奏に慣れていて、都会的だなと感心した。

彼らの一部は、現在、日本語通訳や日本語ガイドをなりわいとするようになっていて、わたしがマダガスカルに来るたび顔を合わす者もいる。彼らの客とわたしとは、同じ便で日本とマダガスカルのあいだを行き来するわけだから、いやおうなく空港で顔を合わせるのだ。だから、ガイドの誰それが病気になったとか、何人の子持ちだとか、誰かとけんかしたとか、そうした噂がいやでも耳に入る。直接に調査を手伝ってもらうわけではないが、いざというとき力になってくれそうな点で、彼らもやはりアンタナナリヴで築いたかけがえのない人脈だと思う。

いまに生きる人脈としては、各種研究所とのあいだに築いた人脈もある。わたしの所属する国立民族学博物館は、二〇一〇年にアンタナナリヴ大学の文明研究所／芸術考古学博物館という、研究所／博物館の二面をもつ機関と協定を結んだ。この研究機関へも、わたしは、最初の滞在のときから顔を出しつづけている。

わたしは、現地情報を得るという名目でこの機関の研究者に会ってもらって以来、アンタナナリヴで長期滞在するときには、調査成果を発表するよう求められるようになった。機関のほうでは、若い研究者が将来手を組むに値するかどうか、品定めをしていたのだと思う。その結果、わたしが優秀と思われたわけではないだろうが、少なくとも詐欺師ではないと認められたのだろう。協定にもとづき、二〇一三年にわれわれの博物館がマダガスカル関係の展示を開催するうえで、研究所／博物館は貴重な資料を国外貸与してくれた。

小山さんの協定相手であるチンバザザ動植物園も、将来の協業を見越して、いまも時おり顔を出す。わたしがはじめてマダガスカルに来たとき、荷物のうけ渡しやヴィザ取得の実務を世話してくれた職員は、二〇一三年現在、園長の地位にある。マダガスカル山間部の民族植物学のプロジェクトを進めていたときは、貴重な標本収蔵庫を見せていただいた。彼らの機関は、外国からマダガスカルに来る生態学者のほとんどを協業相手として受けいれている。そのうち、マダガスカルの環境政策に文化人類学がどのような役割をはたせるか、じっくり議論したいと思っている。

それから最後に、人脈といってよいかどうかわからないが、図書館を訪ねあるくあいだにも少しだけ知りあいが増えた。アンタナナリヴはマダガスカルの首都だけあって、マダガスカル関係の雑誌や文献であれば、日本で入手しにくいものも保管されている。わたしが初期によく訪れたのは、チンバザザ動植物園の敷地内にあるマダガスカル・アカデミーの図書館、文化省の敷地にある国立図書館、科学技術情報ドキュメンテーションセンター（ＣＩＤＳＴ）の図書館などである。当時はデジタルカメラなどないので、複写をとるのにお金も時間もかかった。しかし、最初の調査で入手した文献のなかには、現在でも時おり参照するものがある。

マダガスカル・アカデミーの図書館はとりわけ静かで、二十世紀前半の文献が多く、おおいに参考になった。司書さんに顔を覚えてもらうと、書庫にも入れてもらえるようになり、複写を頼めば司書さんが町でやってくれるようになった（ただし有料）。しかし、もう十年以上、この図書館に足を運んでいない。毎回、アンタナナリヴに着くと先を急いで調査地に出かけてしまい、図書館ですごす時間がないのだ。静まりかえった開放的な空間で古い活字を追うのは、至福といってよいのだが、そうした贅沢に浸る機会はなかなかない。いつかまた、近くの宿を拠点として、空いた時間に図書館を訪れ、司書さんと挨拶を交わせることを願っている。

通信

ロジスティクスに関わって、日本との連絡手段をどのように維持し、調査地にまで延長していくかという問題がある。現在では、スマートフォン一台さえあれば、世界じゅうほとんどの場所で問題にならないことかもしれない。せいぜい、通信電波やワイファイの届く場所までの最速ルートを確認し、いつでも連絡できるよう準備するていどだろうか。しかし、わたしが調査に入った一九九〇年代半ばには、インターネットも携帯電話もなかった。そもそも、日本にむけて電話をかけたり電報を打ったりするだけのために、電話局の窓口の前で長時間列をなさなければならなかった。

マダガスカル国内の通信も不便なものだった。これは別所で書いたことだが（飯田 二〇一二）、携帯電話どころか固定電話を持つ人も少なかったため、面会のアポをとるのがたいへんだったのだ。まずは職場に電話して相手の都合を聞いてみるが、大学教授などの場合には、かならずしもその場でつかまるとはかぎらない。だから、こちらのホテルの電話番号を応対者に伝え、本人に電話をかけなおしてもらう。その日に電話があればよいが、二～三日経って電話があることもある。そこでアポをとって、場合によってはさらに二～三日待つ。こんな調子だから、人と会う用事があるときには、じゅうぶんな時間をとらなければならなかった。

こうした状況で、日本との連絡を保つというのはたいへんなことだ。衛星電話イリジウムを所持していた研究者もいたが、通話料金が高く、学生に手が出せるものではなかった。けっきょく、アンタナナリヴでもトゥリアラでも、大使館や役場などに手紙を留めおいてもらい、定期的に郵便箱を見にいくというのが精いっぱいだった。マダガスカルと日本とのあいだでは、郵便が届くのにほぼ三週間を要し、通信事情がよいとはとてもいえなかった。

それでも、何かあったときのため、指導教員とは連絡をとれるようにしておかなければならなかった。市川さんはわたしにあまり手紙を送ることはなかったが、一度だけ大慌てで連絡してくれたことがある。一九九八年初めに三度めの調査でマダガスカルに滞在していたとき、わたしの母が亡くなり、市川さんがほうぼうに電報やファックスを送ってくれたのである。わたしはちょうどアンタナナリヴに陸路で移動している最中で、七日間、連絡のとれないところにいた。アンタナナリヴに着いて日本大使館の人からファックスを受けとってから、すぐに父に国際電話をかけたが、葬儀も済んだ後だった。急がなくていいから、仕事をすべて終えてから帰れと父はわたしに言ってくれた。

たぶんわたしは、通信や交通が不便なのをいいことに、父のことばに逆らうことなく調査を継続

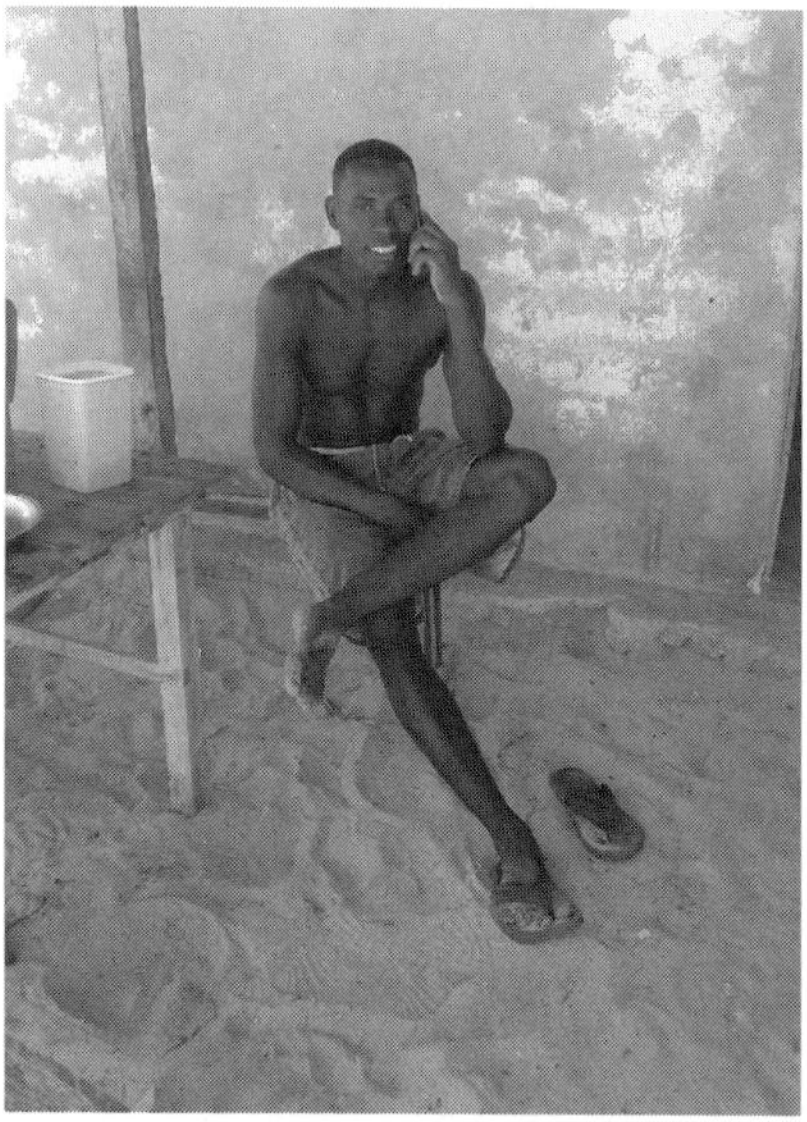

写真35　携帯電話をかけるポーズでスナップ写真。この写真を撮影した年（2011年 2 月）の前年、ファシラヴァ村に通信用のアンテナが建設されて、通話エリアに組みこまれた。

できたのだと思う。通信が便利な今なら、いくら遠くとも、少しは帰る気を起こしたのではなかろうか。いずれにせよ、当時はそれほど、マダガスカルと日本の心理的距離は遠かった。指導教員や親の心労もたいへんなものだったろう。

　この思い出を別にすれば、日本語をほとんど読まない日が続くなか、日本から手紙が届くときは嬉しかった。小山さんや深澤さんは本を送ってくれたことがあったし、大学院生の先輩後輩たちが手紙を送ってくれることもあった。一度は、フランス人のヴェズ研究者ベルナール・コクランから手紙を受けとり、同封した昔の写真を旧知に渡してくれと頼まれたことがある。

　電話とインターネットが発達した現在は、こうした時間のかかる通信に頼ることはあまりないかもしれない（写真35）。しかしハイテク機器は、災害が起こると意外に脆弱さを示す。やはり、首都から調査地までの要所要所で頼れる人を見つけ、手紙が届いたらとっておいてねと頼んでおくに越したことはないだろう。

食生活

なんでも食えるという自信がわたしにあったことは、健康についての項で述べた。しかしそれでも、調査地が決まるまでは、毎日どんなものを食べながら調査をしていけばよいのか、たえず考えつづけていた。

アンタナナリヴであれば、フランス料理から中華料理まで、日本でも食べられないような本格的な各国料理が比較的安価で食べられる。しかし、地方都市や村落部ではそうはいかない。どうすればよいか。

言語学習の準備をひととおり終えて、一九九四年十月二十五日、アンタナナリヴを後にした。タクシー・ブルスすなわち僻地タクシーと呼ばれる長距離の乗りあいバスで、二十八時間ものあいだ揺られたあげく、トゥリアラ州の州都トゥリアラに到着した。ここは、首都アンタナナリヴから陸路でほぼ千キロメートル離れている。

その道中で、乗客たちはどんなものを食べるのかと、旅行前には知りたくてうずうずしていた。食べるものがなかったときのために、水やバナナも買ってバスに乗りこんだ。しかしふたを開けてみると、食事のしかたは単純明快だった。食事どきになると、運転手が適当な食堂の前でバスを停める。たいていは、複数の食堂が軒を並べて客引きを競うような場所だ。ここで客は、気に入った食堂で気に入ったものを注文するか、さもなければ、車中で持参した弁当を食べるのだ。運転手がバスを停めてくれれば、食堂はたくさんの客を呼びこめるので、運転手はなじみの食堂でただ飯を食わせてもらえるという。

食堂のメニューは、基本的にアンタナナリヴの安食堂と同じで、牛肉、豚肉、鶏肉、魚のなかから選ぶようになっていた。たいていは、スープやシチューのように仕立ててある。スープのなかに豆や野菜が入っていたり、コンソメとトマト風味のなかからスープを選べたりもするが、たいていは肉の種類を選べば足りる。注文するには、わたしの言語能力レベルでもじゅうぶんだ。こうした安食堂を、マダガスカル語でホテリ・ガシという。直訳すれば、マダガスカル式ホテル。ホテリという語は、宿泊所であるホテルを意味することもあるが、独立後しばらくは食堂を指すことが多く、それが現在にもひき継がれている。

注文すれば、ほとんど待つことなく、料理がテーブルに並べられる（写真36）。飯を盛った皿と、おかず（スープやシチュー）を盛った皿。日本のレストランのカレーライスのように、おかずを飯にかけて食す。ときには、つけ合わせの酢漬け野菜や唐辛子調味料などを入れることもある。じつはこうした料理構成は、安食堂にかぎらず家庭料理でもしばしばみかけるもので、都会でも田舎でもほぼ共通している。

このことに気づいてからは、調査中の食事のようすも想像できるようになった。飯であれば、自力でもなんとか炊ける。おかずは飯ほど簡単ではないだろうが、それでも覚えられそうだし、誰か

写真36　アンタナナリヴ市内の安食堂で提供された食事。国道沿いの大衆食堂では、右手のメインディッシュの汁気がもう少し多いように思うが、他の点では典型的。小さな匙を添えたトウガラシ調味料もみえる。2008年7月撮影。

に指示して作ってもらうこともできそうだ。

じっさいには、マダガスカル村落部では女性が料理することが多く、男性でしかも客人のわたしが料理するというと、周りの人たちは戸惑いを隠さない。危なっかしいと思うのかもしれない。そこでたいていは、お金を渡して料理を作ってもらうことになる（ただし前述したように、いちばん長い滞在のときだけは、わたしも料理することがあった）。

米などの食材を持っているときはそれを家人に渡し、持っていなければ代金を支払う。長期に滞在するときは、まとめて渡すこともあるが、毎回食べる量はしっかり伝える。

いっぽうおかずは、ホストがもてなしてくれるのでないかぎり、こちらが自分で考えなければならない。自分が持っているものを料理してもらうのか、買ってもらうのか、食材が見つからなければどうするか（たいてい豆を煮てもらうことに落ち着く）、などを伝えたうえで、代金を多めに渡す。こちらは、まとめ払いはむずかしい。料理法について希望があれば伝えてもよいが、そうでなくとも、家人が食材をみながら適切にやってくれる。油や調味料の代金は、多めに渡したなかからさし引かれる。

このように比較的簡単に注文できるのは、マダガスカル各地の村落部において、客人をもてなす料理の構成がほぼ決まっているからである。タンパク質を中心としたおかず一品と、そして飯、というのがその構成である。

慣れてしまえば、むずかしいことではない。しかし、マダガスカルで旅しはじめた頃は、食事の注文をどのように切りだしてよいかわからず、心細かったのを覚えている。そもそも、着いてすぐ食事の話をするわけにもいかない。寝る場所の交渉もある。

こうしたことの勘どころは、旅慣れた友人と行動するうち、少しずつ身についてくる。まさしく、「身をもって知る」べきことがらなのである。

第六章　二十年後のマダガスカル――研究を展望する

インド太平洋の海の民

第四章の最後に書いたことがらは、いわば、長期調査の結論的成果だった。すなわちヴェズの人びとは、日ごろから海の性質を研究し知ろうとすることで、他の人たちが出会わないような富とチャンスを海からひき出す。ラミタルカ島のヴィトルらのもとでこの結論を得てから、ムルンダヴァでナマコ漁をしている別の家族のところへ行き、遠隔地でのキャンプ出漁についてのデータをさらに集めた。村での漁と比較するには、じゅうぶんな資料だ。

わたしは大喜びで、一九九六年十二月一日、南半球にあるため夏まっ盛りのマダガスカルを出た。そして翌二日、半袖のかっこうのまま、薄っすらと雪化粧をした関西国際空港に降りたった。

それから二十年近くが経つ。この間、ファシラヴァ村の暮らしぶりは、いくぶん変わった。ステレオセットや自家発電機をもつ家庭が増え、多くの成人たちが携帯電話を使うようになっている（写真37）。また、季節的に通っていた漁場で獲物が捕れなくなり、少しずつ遠いところで漁をするようになっている。二〇一一年当時では、いちばん遠い漁場は五百キロメートル近くも離れていた。だが、地道な漁と一獲千金の漁を交替でおこなうというやりかたは、ほとんど変わっていない。

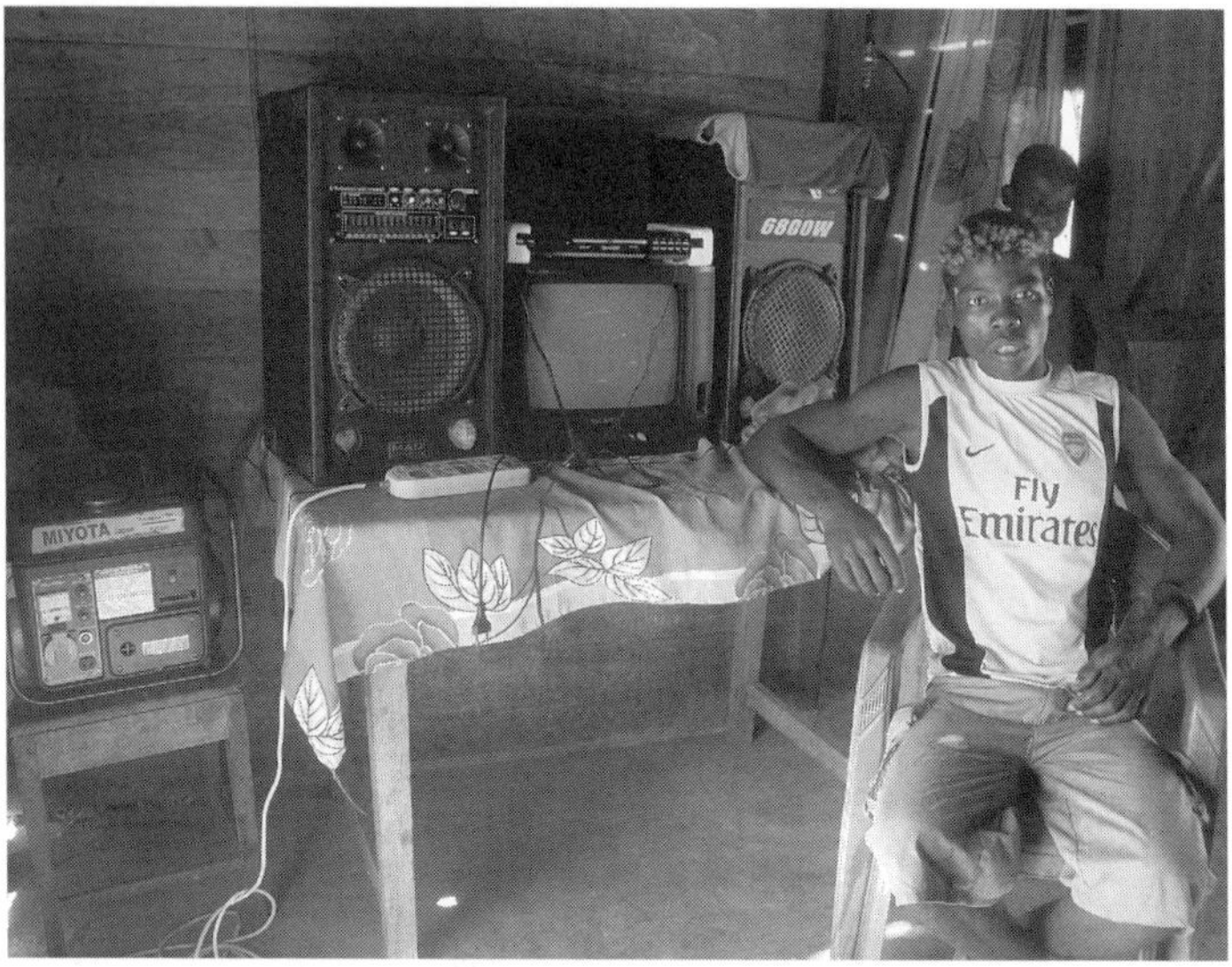

写真37　ステレオセットともに記念写真。遠隔地におけるキャンプ出漁で得た現金の一部は、ブラウン管モニタやDVDデッキ、大型スピーカなどの耐久消費財に充てられる。写真左の発電機にも注目。この地域では電力会社による電気供給がないにも関わらず、AV機器が生活に浸透している。2011年2月撮影。

わたしも変わった。学位論文を書きあげた後、フィールド研究者としてはたいへんめぐまれた現在の職場で働くようになった。就職後は、マダガスカルの他の地域でも仕事をおこなったが、あいかわらずいまも、ファシラヴァ村に通いつづけている。じつは、このくだりを書いている現在も、三年ぶりにファシラヴァ村を訪問するため、翌日にはマダガスカルに旅立とうとしている。

ファシラヴァ村での仕事は後述することとして、二十年間にわたしの仕事がファシラヴァ村からどのように広がったか、まず述べよう。

北海道の漁業とマダガスカルの漁業は、いろいろな面で条件がかけ離れすぎているため、比較がむずかしい。そこで、間接的な比較ができるよう、二地点のあいだにある漁撈社会をできるだけ見てみたいと思った。この作業はなかなか進んでいないが、日本の南西諸島には十数年通いつづけているし、漁業地理学者の田和正孝さん・生態人類学者の須田一弘さんの誘いで、マレーシアの漁村にも三シーズン通った。いずれも亜熱帯に属するため、漁業のようすには似たところがある。

しかも南西諸島は、日本の漁業法と枠組みが同じであるため、北海道との比較になる。またマレーシアは、マダガスカルと同じくオーストロネシア語族の言語が話されているため、文化面での比較ができる。いまのところ、ひじょうに限定した範囲での比較しかできていないが、いずれはインド太平洋全域の漁撈社会の歩みを簡潔に提示したいと考えている。

それから、同僚の池谷和信さんの誘いで、モザンビーク沿岸の海村に三シーズン通うことができた。また、やはり同僚の吉田憲司さんに連れられて、アフリカの博物館や文化遺産を短期間ながら訪れるついでに、さまざまな漁撈を目にすることができた。これらアフリカ各地の漁撈は、文化史的に面白いだけでなく、人口増加を続ける大陸部のタンパク質確保という実務的課題もともなっている。考えてみれば、かぎられた水産資源を社会的なしくみによって公平かつ効率的に割りあてるという課題は、北海道を調査したときとり組んだものだ。アフリカ大陸で類似の課題が浮びあがったいま、できるだけこの問題につき合っていきたいと考えている。

アフリカ漁業は、基礎研究と応用研究、両方のフィールドとして重要な位置を占める。その魅力のためだろうか、日本の研究者のあいだでは、アフリカ漁業についての研究会も走りはじめた。マダガスカルで見聞きしたことを、世界的な潮流のなかで考えなおしていきたいと思っている。

山の民と無形文化遺産

マダガスカル漁業から各地の漁業へと展開する方向性のほか、ヴェズ社会をマダガスカル島内の他の社会と比較する方向性も、この二十年でずいぶん見えてきた。わたし自身は、どちらかといえば、後者のほうがすんなり展開するという見込みをもっている。

それというのも、「身をもって」知りえた人類学的知見は、歴史的背景の異なる社会へ移植しにくいからだ。これは、科学技術的な知識との大きなちがいである。科学技術の専門家は、その知識を世界各地で応用するが、フィールド人類学の知識はなかなかそうできない。漁法を観察する目も、その土地の歴史や言語をふまえて養われるから、時間がかかるのだ。逆にいうと、漁業の専門家が見てわかることばかりならば、フィールド人類学者の出る幕はないだろうと思う。

その点、マダガスカルのさまざまな社会は、ヴェズ社会と歴史や言語がまったく同じではないにせよ、重なる部分が大きく、ヴェズ社会で体得した知見を活用しやすい。なにより、受けいれられる速さがちがう。二〇〇九年になって、ヴェズ社会とはまったく環境の異なる山間部の焼畑農耕地帯を調査しはじめたが、言語の障壁は低く、受けいれ先はほどなくみつかった。

それは、アンタナナリヴから二五〇キロメートルほど南のアンブシチャという町の近くで、中央高地の東のへりにあたる。行政的には、アムルニ・マニアという地域圏に属する。ここでは、東のインド洋から吹いてくる貿易風の湿りけが凝結し、霧となって独特の森林をはぐくむ。当初はここで、木材利用の実態をみようとした。海岸部の森における造船用の木材伐採と、この地域の木材伐採のちがい、さらには樹種の認識のちがいをみようとした。

ところが、ここでの仕事は思わぬ方向に展開した。この地域に住むザフィマニリという人びとは、人口一万に達するか達さないかというくらい小規模な集団だが、他の地域では見られなくなった様式の木造住居をいまも維持しており、さまざまな木彫り製品を生活にとり入れている。開き戸式の木製窓にほどこす幾何学的な浮き彫りも特徴的で、木彫り技術全般がユネスコの無形文化遺産に登録されている。二〇一三年は、ザフィマニリの木彫り知識がユネスコの認定を受けてちょうど十年、さらにユネスコ総会が無形文化遺産保護条約を採択してからちょうど十年にあたるため、マダガスカルの文化と無形文化遺産制度を同時に紹介する特別展を日本で開くことになった。それが、わたしの職場である国立民族学博物館で開催した「マダガスカル　霧の森のくらし」だ。

林産物の認識と生産、流通の調査は、二〇一四年現在もつづいており、この地域を大きく変えつつある砂金採取も視野に入れるようになった。山の民ザフィマニリの生業構造の変容は、海の民ヴェズとともに、わたしの重要なテーマになりつつある。

それとともに、ザフィマニリの木彫り知識がたまたま無形文化遺産に指定を受けていたことから、わたしはこの問題にも首を突っこむことになった。ザフィマニリの無形文化遺産は、木彫り知識を中心として、その作品や生活様式全般にまで関係する。他の地域にないユニークな文化が現在ここでみられる背景には、平野部から地理的に隔離され、自給自足的な暮らしや森林資源がかなり温存されてきたということがある。

しかし自動車が平野部から通うようになり、ユネスコのお墨付きを得たことからたくさんの観光客が押し寄せ始めたいま、生活のなかでの木彫りの意味づけ自体が変わりつつある。無形文化遺産を凍結するという意味で保存するなら、道路自体を封鎖してしまわなければならないだろうが、ユネスコがめざすのはそうした保存ではない。それはむしろ、くり返される営みのなかで少しずつ変化していく、生命力としての文化の保存だ。

そうした意味での保存は、あるていど、生活物資の商品化を前提としたうえでなし遂げられるものだろう。しかし、木彫り自体が完全に商品化してしまえば、ザフィマニリ内部での著作権問題が生じかねない。そうでなくとも、暮らしがあまりに急激に変われば、観光客が来なくなり、収入が減って家計が成りたたなくなる。無形文化遺産の維持は、絶妙なバランス感覚でもって実現していかなくてはならない。

こうした状況は、次項で述べるヴェズの生活変化とは大きく異なる。しかし、なにかを上の世代からうけ継ぎつつあたらしい展開をはかるという意味では、通じるところもある。このことをしっかり考察していくことは、文化人類学の古典的なテーマである文化継承の問題を、グローバル状況のなかで問いなおすことにつながろう。そうした見通しをもって、わたしはいま、文化遺産の問題を文化継承や文化変化との関わりで考究しようとしている。

海の民と漁法改良

本調査をおこなったときには、とにかく、ファシラヴァ村の現在がいかにあるかを見ようとした。そのときには、その時点での「いま」を見ることしかできなかったが、現在のわたしは、一九九五年という過去をふまえて、二〇一四年現在での「いま」を見ることができる。ファシラヴァ村が変わっていくのを実感したり記録したりしながら、ヴェズ漁民にとって時代変化がどのような意味をもっているのか、少しずつ考えるようになってきた。

ある意味、ヴェズの人たちがやっていることは、時代を経てもそれほど変わらない。ほかの人たちよりたくさん魚を捕ろうと、意気ごんで海に通う。捕れなかったときは、肩を落として帰ってくる。それだけといえばそれだけだ。だが、ファシラヴァ村を訪れるたび、それまでに見なかったあたらしいものを見る。

一九九八年の補足調査のときには、ゴムの弾性で銛を打ちだす水中銃のしかけを目にした（写真38）。ヨーロッパ人の観光ダイバーが持っていたものをモデルとして、改良をくわえながら自作したものらしい。木と釘でできているから、細かいところをみると、カーボングラス製のものとは構造もずいぶん違う。ゴムの部分は、タイヤを削ったものだ。そのほか、スプーンの柄や傘の骨あるいは自転車のスポークなども素材に使っている。完全な手作り、しかも、ありあわせの素材を活用

写真38　水中銃を製作しているところ。素材になる細かい部品が床に散乱している。この中から、スプーンの柄を選んで、銛先のカエリを製作したのだろう。2014年３月撮影。

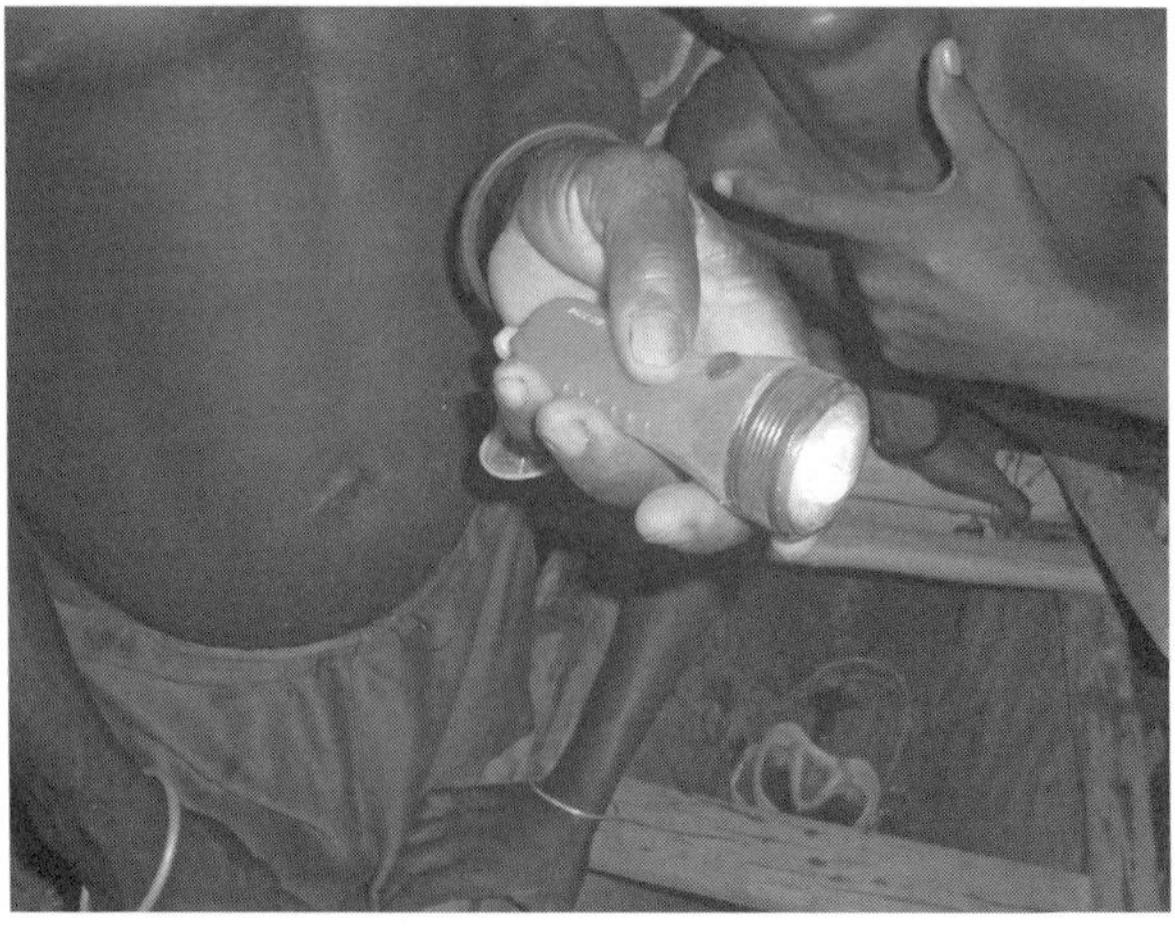

写真39　夜間の潜り漁に用いるLEDライト。防水のためにコンドームをかぶせている。夜間の漁は漁獲効率を高めるため、サンゴ礁保全のNGOはそれを控えるように提言しているが、ファシラヴァ村ではまだ禁止されていない。2010年１月撮影。

したブリコラージュ（日曜大工仕事）だ。

二〇〇三年には、冷凍設備を備えた動力船が村で魚を買いつけるようになり、村の男たちのあいだでは、単価が上昇したイカを釣りあげるのが流行していた。そのときもまた、多くの漁師が、擬餌針（餌木）を自作して漁に用いていた。実をいうと、仲買いの船は、イカ釣りを広めるため、日本で使っているような擬餌針を使うよう村人に勧めていた。しかしこうした擬餌針は、スピニングリールのついた釣竿で巻きあげながら泳がせることを想定しており、ヴェズ漁師のように手釣りに慣れた者には使いにくい。それに、そもそも竿やリールがない。そこで漁師たちは、より比重が軽くて浮きやすい木材を使って擬餌針の本体を自作し、工場で作った擬餌針の針の部分をとり付け、イカを捕るようになった。

さらに二〇〇九年には、夜間に懐中電灯を海のなかに持ちこみ、眠っている魚や動きまわっているナマコを捕る漁法が始まった。これは、ＬＥＤライトのように小型で明るいものが安く手に入るようになって、普及するにいたったものだ。電池の消耗も少ない。問題は防水をどのようにするかだが、ファシラヴァ村のヴェズ漁師たちは思わぬ方法でこの問題を解決していた。樹脂製の避妊具すなわちコンドームをかぶせるのだ（写真39）。南西海岸一帯は人口増加率が高いため、コンドームが安く入手できるよう、海外の援助団体が支援をしている。人口抑制を意図したコンドームが金儲けに使われ、結果としてさらなる人口増加を招いていることは、おおいなる皮肉だ。

こうして、毎回のようにあたらしいものに出会っているのだが、それがいちいち論文になるわけではない。いや、いくつかは論文になっているのだが、わたしの興味をうまく表現しきれていないというのが実情だ。現場で得た感覚を、そっくりそのまま提示しようというのは、無理な話かもしれない。しかし、「身をもって」知ったからには、それをやらずにおれない。こんな無理を通そうとするのは、いろいろな研究者のなかでも、フィールド人類学者だけかもしれない。

わたしの関心は、「ヴェズの人たちはどのように漁を学んでいるか」ということだ。彼らが学んでいるのは、「初期値をうまくコントロールしてあとは待つだけ」というような、自動操縦の飛行機を動かす技術のようなものではないだろう。彼らは、いままで直面したこともないような状況に対しても、学んだことを頼りに対処しているらしい。そのことを論理的かつ実証的に示すことが、目下のわたしの関心だ。

ヴェズの人たちは、あたらしいことをやろうと思って、突飛な漁法を編みだしているわけではない。魚の行動を思いうかべながら、いろいろな道具を水中に持ちこむことでどのように魚を船べりまで導けるか、それを考えているのだと思う。そして、うまくそれに成功するような道具立てを考えつくと、すぐに実行する。場合によっては失敗するが、それを見て、別の人が改良をくわえる。そうやってたくさんの漁師が、自分流に他人をまねることで、少しずつ漁の精度を上げる。完全にまねるというのは不可能だ。規格化した工業製品が少ないこの地域では、自分の漁具と他人の漁具は多かれ少なかれ異なっており、そうした微妙な差異が魚には異なる効果を与えるからだ。漁師たちは、学んだことを基礎にしながらも、周囲の状況や手持ちの漁具の性質に応じて、微調整しながら自分の動きを定めていく。

これは、あたらしい漁法を創作するときにかぎらず、じつは毎日のように漁師が海でおこなっていることではないか。毎日漁に出るとき、持っていく漁具は同じでも、潮の流れや波の状態は毎日異なっており、それに応じて漁具の使いかたもちがう。漁師は、みずからの動作の微調整をとおして、毎日異なる海況に対処しているのだといえる。そこでは、学んだことも役に立ってはいるが、それ以上に、状況に対処する構えが劣らず重要になる。こうした漁師の学習と、あたらしい漁法を生みだすセンスとの関連を、今後は、もっとはっきり示してみたいと思っている。

そのためには、漁師が師匠から習うように、研究者自身も漁師から習わなければいけないと思う。漁師については、「身をもって」知った。次には、漁師の知りかたを、身をもって知る段階だ。そのためには、漁師の動きをなぞるようにして、さまざまなことがらを覚えていかなくてはならないと思う。五十の手習いと言われかねないことを、いまから始めて実になるだろうか。わたしの年齢は五十にまでは届かないものの、たいしたちがいではない。日暮れて道遠し。「身をもって知る」ことは、さように奥深い。

あとがき

フィールド人類学の根幹に関わる「身をもって知る」方法について述べることを言い訳として、わたしの体験を長々と書きつづってきた。書きおえたいま、ずいぶん多くのことを盛りこんだと思う。しかし、わたしと異なる境遇に置かれた読者は、どれだけわたしの体験に学べるのだろうか。

たとえば、原稿の執筆中に、ある女性研究者から、次のような話を聞いた。この女性研究者は、タンザニアの村落部でわたしと同じように人類学的な調査に携わっている。学位を取得したばかりで、指導学生はいないのだが、ある日、後輩の大学院生から電話を受けた。タンザニアからの国際電話なので、驚いて聴いていると、電話の向こうにいるタンザニア人と少し話してくれという。事情を訊くと、大学院生が長期で部屋を貸してもらうにあたり、慣れない言語で家主と交渉したのだが、話の肝心の部分に自信がない。そこで、その女性研究者が家主と直接に話してくれれば、のちのち争いの種にならないだろうという。

その女性研究者は、呆れて電話を切りそうになったが、家主を困らせたくないので大学院生の代弁をしたのだという。

「電話をこんなふうにも使えると知って、びっくりした。でも、腹が立った。調査って、頼れる人が少ないから、自信ない部分も自分がひき受けて、あとで問題が起こってもなんとか解決しようとするでしょ？　それもやるから、少しずつ調査もできるようになるんでしょ？　こんなに簡単に日本まで助けを求めて、最後に調査できるようになるんかなあって思った。」

いまの学生たちは、サポート人脈を実地で築かなくとも、質問票を埋めるくらいの調査をやってのけられるのだ。スマートフォンが強い味方だ。これさえあれば、現地の人と仲よくなろうという努力は、わたしの場合よりもずっとずっと少なくて済むのかもしれない。

だが、女性研究者の意見ももっともだと思う。急場しのぎを続けていって、経験値が上がることもあるだろうが、失敗を重ねなければ学べないことも多い。とはいえ、やり直しのきかない失敗は避けたほうがよい。いかにして、目下の問題を、やり直しのきく失敗に結びつけていけばよいか——そうしたことを、調査中、女性研究者もわたしも考えていたのだと思う。成功は、最後に手にできればよいのだ。プロセスでは、失敗を恐れるなかれ。

急場をうまくしのぐだけなら、ハイテクに頼ればよい。しかし、フィールド人類学で射とめるべき対象は人である。理解しようとする相手を前にして、致命的な失敗をおかさず、少しずつ近づいていく方法——時と場合によっては、そうした方法がいまだに必要だ。本書で紹介したのは、見かたを変えれば、まさしく人に近づくための方法である。インターネットが地球の裏側まで届こうとも、そうした方法の重要性は変わらない。その意味で、ローテクな調査方法の記述に徹した本書も、なにがしかの役に立つと信じている。

とはいえ本書では、「わたし」についての記述が多くなってしまった。最初から「わたし」について述べようとしたわけではない。身体を測定器具として用いる方法、また、「身を置く」というかたちでその測定器具を調査地に持ちこむ方法を述べようとしたまでである。しかし、抽象的な身体というのはありえないので、具体例に即して述べたところ、結果的に「わたし」が前面に出ざるをえなかった。わたしとしては、自己宣伝したというより、学術の進歩を願って献体に踏みきったつもりでいる。見苦しい点には目をつぶっていただき、ぜひとも本書の記述を換骨奪胎して役立てていただきたい。

本書を著すにあたっては、調査地の人物名を一部仮名とした。また、先輩がたに登場していただいただけでなく、先生と記すべきところを、略式に「さん」づけで済まさせていただいた。ご寛恕を乞うとともに、日ごろの学恩に深謝する。

また、編者の印東道子さんと白川千尋さん、関雄二さん、ならびに臨川書店の西之原一貴さんと工藤健太さんには、執筆の意図を的確に汲みとっていただき、本書を刊行にまで導いていただいた。記してお礼申しあげる。

二〇一四年九月、ファシラヴァ村のルシー宅にて

参考文献（著者の著作物のうち、本文中で言及したもの）

「漁民の居場所と農民の居場所――マダガスカルでのタイムアロケーション調査から」『生態人類学会ニュースレター』三、一―三頁、一九九七

「マダガスカル南西海岸部における漁家経済と農家経済――生業と食生活の分析から」『アフリカ研究』五七、三七―五四頁、二〇〇一

『海を生きる技術と知識の民族誌――マダガスカル漁撈社会の生態人類学』世界思想社、二〇〇八

「涙を断ち切る文化――マダガスカル南西部ヴェズ社会における死者への態度」今関敏子（編）『涙の文化学――人はなぜ泣くのか』青簡舎、八九―一〇三頁、二〇〇九

「道路をバイパスしていく電波――マダガスカルで展開するもうひとつのメディア史」羽渕一代・内藤直樹・岩佐光広（編）『メディアのフィールドワーク――アフリカとケータイの未来』北樹出版、三六―四九頁、二〇一二

飯田　卓（いいだ　たく）

1969年大阪府生まれ。京都大学大学院人間・環境学研究科博士後期課程研究指導認定退学。博士（人間・環境学）、国立民族学博物館准教授。専門は生態人類学、漁民研究。マダガスカルをはじめとする各地で、海と人との関係性について調査をおこなう。主な著書に、『海を生きる技術と知識の民族誌――マダガスカル漁撈社会の生態人類学』（世界思想社、2008年）、『マダガスカルを知るための62章』（共編著、明石書店、2013年）などがある。

フィールドワーク選書 8
身をもって知る技法
マダガスカルの漁師に学ぶ

二〇一四年十一月三十日　初版発行

著者　飯田　卓
発行者　片岡　敦
印刷 製本　亜細亜印刷株式会社

発行所　株式会社 臨川書店
606-8204 京都市左京区田中下柳町八番地
電話（〇七五）七二一―七一一一
郵便振替　〇一〇七〇―二―八〇〇

落丁本・乱丁本はお取替えいたします
定価はカバーに表示してあります

ISBN 978-4-653-04238-9 C0339
〔ISBN 978-4-653-04230-3 C0339　セット〕

フィールドワーク選書　刊行にあたって

編者　印東道子・白川千尋・関　雄二

人類学者は世界各地の人びとと生活を共にしながら研究を進める。何を研究するかによってフィールド（調査地）でのアプローチは異なるが、そこに暮らす人々と空間や時間を共有しながらフィールドワークを進めるのが一般的である。そして、フィールドで入手した資料に加え、実際に観察したり体験したりした情報をもとに研究成果を発表する。

実は人類学の研究でもっともワクワクし、研究者が人間的に成長することも多いのがフィールドワークをしているときなのである。フィールドワークのなかでさまざまな経験をし、葛藤しながら自身も成長する。さらにはより大きな研究トピックをみつけることで研究の幅も広がりをみせる。ところが多くの研究書では研究成果のみがまとめられた形で発表され、フィールドワークそのものについては断片的にしか書かれていない。

本シリーズは、二十人の気鋭の人類学者たちがそれぞれのフィールドワークの起点から終点までを描き出し、それがどのように研究成果につながってゆくのかを紹介することを目的として企画された。なぜフィールドワークをしたのか、どのように計画をたてたのかにはじまり、フィールドでの葛藤や予想外の展開など、ドラマのようなおもしろさがある。フィールドで得られた知見が最終的にどのように学問へと形をなしてゆくのかまでが、わかりやすく描かれている。

フィールドワークをとおして得られる密度の濃い情報は、近代化やグローバル化など、ともすれば一面的に捉えられがちな現代世界のさまざまな現象についても、各地の人びとの目線にそった深みのある理解を可能にしてくれる。また、研究者がフィールドの人々に受け入れられていく様子には、人間どうしの関わり方の原点のようなものをみることができる。それをきっかけとして、人工的な環境が肥大し、人間と人間のつながりや互いを理解する形が変わりつつある現代社会において、あらためて人間性とは何か、今後の人類社会はどうあるべきなのかを考えることもできるであろう。フィールドワークはたんなるデータ収集の手段ではない。さまざまな思考や理解の手がかりを与えてくれる、豊かな出会いと問題発見の場でもあるのだ。

これから人類学を学ぼうとする方々だけでなく、広くフィールドワークに関心のある方々に本シリーズをお読みいただき、一人でも多くの読者にフィールドワークのおもしろさを知っていただくことができれば、本シリーズを企画した編集者一同にとって、望外の喜びである。

（平成二十五年十一月）

印東道子・白川千尋・関 雄二 編

フィールドワーク選書 全20巻

四六判ソフトカバー／平均 200頁／各巻予価 本体 2,000円+税　臨川書店 刊

1 **ドリアン王国探訪記** マレーシア先住民の生きる世界　信田敏宏 著　本体二、〇〇〇円＋税

2 **微笑みの国の工場** タイで働くということ　平井京之介 著　本体二、〇〇〇円＋税

3 **クジラとともに生きる** アラスカ先住民の現在　岸上伸啓 著　本体二、〇〇〇円＋税

4 **南太平洋のサンゴ島を掘る** 女性考古学者の謎解き　印東道子 著　本体二、〇〇〇円＋税

5 **人間にとってスイカとは何か** カラハリ狩猟民と考える　池谷和信 著　本体二、〇〇〇円＋税

6 **アンデスの文化遺産を活かす** 考古学者と盗掘者の対話　関 雄二 著　本体二、〇〇〇円＋税

7 **タイワンイノシシを追う** 民族学と考古学の出会い　野林厚志 著　本体二、〇〇〇円＋税

8 **身をもって知る技法** マダガスカルの漁師に学ぶ　飯田 卓 著　本体二、〇〇〇円＋税

9 **人類学者は草原に育つ** 変貌するモンゴルとともに　小長谷有紀 著　本体二、〇〇〇円＋税

10 **西アフリカの王国を掘る** 文化人類学から考古学へ　竹沢尚一郎 著　本体二、〇〇〇円＋税

11 **身体でみる異文化の世界**　広瀬浩二郎 著

12 **インド染織の現場**　上羽陽子 著

13 **シベリアで生命の暖かさを感じる**　佐々木史郎 著

14 **人類学者が運命論者になるとき** 南アジアのナショナリズム研究　杉本良男 著

15 **言葉から文化を読む** アラビアンナイトの言語世界　西尾哲夫 著

16 **イタリア、ジェンダー、そして私**　宇田川妙子 著

17 **コリアン社会の変貌と越境**　朝倉敏夫 著

18 **故郷中国をフィールドワークする**　韓 敏 著

19 **仮面の世界を探る** アフリカ、そしてミュージアム　吉田憲司 著

20 **病とむきあう** オセアニアの医療と伝統　白川千尋 著

＊白抜は既刊・一部タイトル予定

Kat'or
ul'xūr.
čimxūr.
(ひげをぬく)
銀
木の部分
air
銀
木碗の上に銀細工がかぶせてある。
Mongol darxan がつくる。
注文者が銀貨をもってゆく。銀は
桶の後側の下部に木栓あり
taelōra
アルガリ入れ。
(長方形のものもある。
jirfči
orōt
bür
togō